Hamster

glücklich & gesund

W0052542

> Autorin: Monika Lange | Fotos: Ulrike Schanz und andere

Inhalt

Wohlfühl-Heim

Fit-und-gesund-Programm

Kennenlern-Programm

Beschäftigungs-Programm

Anhang

Wohlfühl-Heim

Die richtige Wahl

Wenn Sie sich für Hamster als Haustiere interessieren, dann haben Sie die Wahlmöglichkeit zwischen Goldhamstern und Zwerghamstern.

Goldhamster

Der bekannte Goldhamster (*Mesocritus auratus,* → Seite 8–9) stammt aus der fruchtbaren Hochebene um die syrische Stadt Aleppo, wo er auf den Feldern nicht gerade gern gesehen ist. Er ist ein Einzelgänger, der sich Baue mit mehreren Aus- und Eingängen, Schlafnestern sowie Vorrats- und Klokammern in den Boden gräbt, in denen er in kalten Wintern auch seinen Winterschlaf hält.

Zwerghamster

Zwerghamster stammen aus den kargen Steppen und Halbwüsten der Mongolei, des südlichen Sibiriens und aus dem Norden Chinas. Der Dsungarische Zwerghamster (*Phodopus sungorus,* → Seite 9) und der winzige Roborowski-Zwerghamster (*Phodopus roborovskii,* → Seite 9) haben ein dichtes Fell und behaarte Fußsohlen. Das Fell der Dsungarischen Hamster, die wie alle Zwerghamster keinen Winterschlaf halten, färbt sich im Winter weiß. Die Chinesischen Streifenhamster (*Cricetulus griseus*) fallen vor allem durch größere Ohren und den längeren Schwanz auf. Zwerghamster sind vornehmlich nachtaktive Tiere, die im Gegensatz zu den Goldhamstern aber auch am Tage Wachperioden haben. Sie leben allein oder in kleinen Familiengruppen und ernähren sich von Pflanzensamen und Insekten. Sowohl die lebhaften Dsungarischen Zwerghamster als auch die ruhigeren Streifenhamster werden recht zahm. Roborowski-Zwerghamster schließen sich dem Menschen dagegen nicht so ohne Weite-

> *Nach einem ausgiebigen Nickerchen gehen Hamster gern auf Entdeckungstour.*

res an. Sie sind kleine Flitzer, die gar nicht so leicht auf der Hand zu halten sind.

Ich und ein Hamster – passt das zusammen?

Wie schön wäre es, wieder ein Haustier zu haben! Allerdings haben beide – Mensch und Haustier – Bedürfnisse, die erfüllt werden müssen. Laute Wellensittiche machen nicht die gleichen Menschen glücklich wie eine Eidechse – auch ein wichtiger Grund, warum man Tiere auf keinen Fall spontan kaufen oder gar verschenken sollte.

Für Kinder geeignet?

Hamster werden im Zoofachhandel häufig als Tiere für Kinder angeboten, obwohl sie sich genau für diese Zielgruppe nur bedingt eignen. Denn trotz des wuscheligen Fells sind die kleinen Nager keine Kuscheltiere. Zum einen sind sie dafür nicht robust genug, und – was ganz wichtig ist – sie werden erst abends aktiv und brauchen dann tagsüber unbedingt ihre Ruhe. Daher können ganz besonders jüngere Kinder mit der richtigen Pflege eines Hamsters überfordert sein. In eine Familie, in der sich auch die Eltern für Hamster begeistern und die Kinder anleiten, passen Hamster dagegen gut hinein.

Hamster haben einen eigenen Willen

Hamster werden mehr oder weniger zutraulich und anhänglich, bewahren aber – ähnlich wie Katzen – stets ihre Unabhängigkeit. Gespielt wird, wenn der Hamster will, und diese Einstellung verteidigen die Tiere auch schon mal mit einem unmissverständlichen Zwicker. Die Unabhängigkeit der Hamster bedeutet aber auch, dass man sie durchaus einmal über das Wochenende alleine lassen kann. Hamster passen besonders gut in aktive Familien, deren Mitglieder Freude und Interesse daran haben, das Verhalten ihrer kleinen Lieblinge zu beobachten.

Sind Sie ein Hamster-Mensch?

	Ja	Nein
1. Möchte ich ein Kuschel- bzw. Streicheltier oder freue ich mich auf mein allabendliches »Hamsterfernsehen«?	☐	☐
2. Hamster leben im Schnitt höchstens zwei bis drei Jahre. Kann ich mich auch wirklich mit einer so kurzen »Lebensgemeinschaft« abfinden?	☐	☐
3. Hamster sind nachtaktive Tiere mit einem sehr festen Schlafrhythmus. Habe ich die Disziplin, sie nicht nach Lust und Laune zu wecken? Das würde ihr Leben dramatisch verkürzen.	☐	☐
4. Ist die Urlaubsversorgung gesichert?	☐	☐
5. Kann ich meine Hamster von anderen Haustieren fern halten?	☐	☐
6. Hat niemand in meiner Familie eine Tierhaarallergie?	☐	☐

5- bis 6-mal Ja: Sie sind der geborene Hamster-Mensch.

3- bis 4-mal Ja: Sie sollten mit Hamstern gut klarkommen.

0- bis 2-mal Ja: Ein Hamster passt nicht besonders gut zu Ihnen. Wie wäre es mit einem Wellensittich?

Hamster
im Porträt

Nicht nur die einzelnen Hamsterarten unterscheiden sich in ihrem Verhalten, sondern selbst einzelne Farbschläge haben häufig verschiedene Charaktereigenschaften.

> So ähnlich sehen auch freilebende Goldhamster aus. Wildfarbene Goldhamster gelten als robust und unkompliziert.

> Langhaarige Hamster gibt es als Teddy-, krause Rex- und halblange Angoraformen. Allen muss man ein bisschen bei der Fellpflege helfen. Die Teddyhamster gelten als umgänglich.

Cremefarbene Farbschläge des Goldhamsters gelten – ebenso wie die schwarzohrigen Russenhamster – als freundlich.

Dsungarische Zwerghamster haben einen Aalstrich, kleine Ohren und einen kurzen Schwanz. Inzwischen gibt es von ihnen viele Farbvarianten.

Die hübschen Schecken sind für Anfänger weniger empfehlenswert, da sie sich nicht ganz einfach zähmen lassen.

Die winzigen Roborowski-Zwerghamster, die nur etwa sieben Zentimeter lang werden, haben weiße »Augenbrauen«, einen kecken weißen Backenbart und einen sandfarbenen Rücken.

Typische Kennzeichen des Chinesischen Streifenhamsters sind der dunkle Mittelstreifen am Rücken und das zwei bis drei Zentimeter lange Schwänzchen.

Augen auf beim Kauf

Und jetzt los zum Hamsterkauf? Halt! Ein paar Fragen sollten Sie noch beantworten.

Wie viele Tiere?

Goldhamster fühlen sich erst dann so richtig wohl, wenn

> Was will mein Mensch von mir? Spielen oder nur Futter bringen?

sie einen schönen Käfig ganz für sich allein haben, während ein Zusammenleben mit Artgenossen Stress für sie bedeutet – auch für die fried-licheren Farbschläge. Daher sollte man Goldhamster niemals zu einem unnatürlichen Leben in einer Gruppe zwingen, nicht zuletzt, weil die unausweichlichen Revierkämpfe aufgrund mangelnder Fluchtmöglichkeiten oftmals böse enden.

Auch Chinesische Streifenhamster sind in der Regel Einzelgänger, während man Dsungarische und Roborowski-Hamster auch zu mehreren halten kann. Voraussetzung ist allerdings, dass sie schon als Jungtiere zusammenlebten. Aber auch dann gibt es von Zeit zu Zeit lautstarke Rangeleien zur Festlegung der Rangordnung.

Gruppen sind lohnenswert, aber sie erfordern auch mehr Käfigraum und mehr Beschäftigungsmöglichkeiten, damit die Tiere sich nicht aus Langeweile in die Wolle bekommen. Trotzdem gibt es leider keine Garantie, dass der Frieden hält. Auch noch nach einem Jahr können Hamster Unverträglichkeiten zeigen und müssen dann getrennt werden. Aber auch ein Zwerghamster ist Ihnen nicht böse, wenn er alleine leben darf.

Weibchen oder Männchen?

Sowohl Weibchen als auch Männchen werden zahm. Mit Ausnahme der Dsungari-

TIPP

Wo kann man Hamster kaufen?

➤ Im Regelfall wird man seinen Hamster im Zoofachgeschäft vor Ort kaufen – nicht zuletzt wegen des kurzen Transportweges.

➤ Wer einen ausgefalleneren Farbschlag erwerben will, muss sich allerdings häufig direkt an einen Züchter wenden. Adressen gibt es bei Hamsterclubs, Tierärzten, über Zeitungsannoncen und im Internet (→ Seite 60).

➤ Weil Hamster sehr vermehrungsfreudig sind, haben aber auch Privatleute und Tierheime immer wieder Hamster abzugeben.

schen Zwerghamster sind weibliche Hamster normalerweise etwas unverträglicher gegenüber ihren Artgenossen, was sich im Zusammenleben mit Menschen aber im Allgemeinen nicht negativ bemerkbar macht. Normalerweise empfiehlt es sich nicht, die Geschlechter zu mischen, denn Hamster können alle drei Wochen Junge bekommen. Die Bestimmung des Geschlechts kann man bereits ab einem Alter von drei bis vier Wochen vornehmen. So liegen bei Männchen die Geschlechtsöffnungen und der After etwas weiter auseinander; außerdem sind bei ihnen bereits kleine Hoden zu erkennen, während bei den Weibchen zwei Reihen von Zitzen sichtbar sind.

Noch etwas skeptisch, aber durchaus schon interessiert.

Darauf sollten Sie beim Kauf achten

Gehen Sie am besten abends einkaufen. Bei Tieren, die aus dem Schlaf gerissen werden, lassen sich Gesundheitszustand und Charakter nur schlecht beurteilen. Lassen Sie sich einen Kaufvertrag geben, der Ihnen garantiert, dass die Hamster gesund sind und dass der Nachwuchs eines eventuell trächtigen Weibchens zurückgenommen wird. Achten Sie außerdem immer darauf, dass die angebotenen Tiere gepflegt aussehen und in gut eingerichteten Käfigen gehalten werden. Außerdem sollten die Verkäufer oder Züchter über ihre Tiere Bescheid wissen. Stellen Sie Fragen und lassen Sie sich auf keinen Fall zu Mitleidskäufen hinreißen. Sie belohnen damit nur schlechte Geschäftspraktiken und liefern die nächste Generation Hamster dem gleichen Schicksal aus.

CHECKLISTE

Hamster-Kauf

✔ Wurden die Tiere nach Geschlechtern getrennt gehalten? Sonst könnten die Weibchen trächtig sein.

✔ Welches Alter haben die Hamster? Ideal sind fünf bis sechs Wochen, denn vorher sollten sie noch nicht von der Mutter getrennt werden.

✔ Ist der Hamster (abends) lebhaft, aber nicht hektisch?

✔ Sind Augen und Nase weder rot noch verklebt, nass oder gar entzündet?

✔ Ist die Afterregion sauber? Hamster mit unbehandeltem Durchfall haben zumeist keine hohe Lebenserwartung.

✔ Sind alle anderen Hamster im Käfig ebenfalls gesund?

Das richtige Hamster-Heim

Hamster haben einen enormen Bewegungsdrang. In der Natur legen alle Arten jede Nacht mehrere Kilometer zurück. Deshalb gilt für den Käfig: je größer, desto besser. Die Mindestmaße sind 60 x 40 x 40 cm für ein einzelnes Tier; eine Gruppe braucht

> Hamster brauchen viel Bewegung, damit sie fit und gesund bleiben.

deutlich mehr Platz. Bezüglich der Unterkunft können Sie zwischen einem Gitterkäfig oder einem Aquarium bzw. Terrarium wählen.

Gitterkäfige

Gitterkäfige haben den großen Vorteil, dass die Hamsterbehausung stets gut belüftet ist und dass man besonders leicht Kontakt zu seinem Tier aufnehmen kann. Außerdem klettern Hamster gern an den Querstäben des Käfigs herum. Zu beachten ist, dass der Abstand der Stäbe bei Goldhamsterkäfigen keinesfalls größer als 10 mm ist, bei Zwerghamstern 5 mm, weil die Hamster sonst entwischen. Zudem sollten die Gitterstäbe nicht beschichtet sein, da eine solche Oberfläche den emsigen Hamsterzähnen nicht lange standhält

und das freigelegte Metall anfängt zu rosten.
Der Käfig sollte eine tiefe Bodenschale zum Buddeln haben; außerdem sollte er – je nach Käfighöhe – eine oder mehrere Ebenen besitzen. Dabei darf es sich aber nicht um Gitterrostböden handeln, weil diese eine ständige Verletzungsgefahr darstellen. Lassen Sie sich von Ihrem Zoofachhändler beraten und achten Sie dabei auf Qualität.

Aquarien oder Terrarien?

Aquarien bzw. Terrarien sind besonders für Zwerghamster gut geeignet, denn die Becken sind ausbruchsicherer, schützen vor Durchzug und die

TIPP

Der richtige Standort

➤ Die Hamsterbehausung sollte an einem möglichst ruhigen Platz stehen. Lärm macht Hamster scheu.

➤ Stellen Sie das Hamsterheim in Ihrer Augenhöhe vor eine Wand. So ist eine gute Beobachtung möglich und die Tiere fühlen sich dennoch sicher.

➤ Käfige dürfen nicht in der Sonne, aber auch nicht an einer zugigen Stelle stehen.

➤ Hamster sind nachtaktiv, sodass sie in einem Schlaf- oder Kinderzimmer oft für zu viel Unruhe sorgen.

> *Ob Gitterkäfig oder Aquarium – wichtig ist eine ausreichende Größe des Hamsterheimes, nicht zuletzt um Kletter- und Spielgeräte darin unterbringen zu können.*

Streu kann nicht herausfallen. Der Nachteil ist die schlechte Belüftung der Behausung, sodass man auf keinen Fall zu hohe Behälter verwenden sollte. Als Faustregel gilt: nicht höher als tief. Und da in einem Aquarium die Gitterstäbe zum Klettern fehlen, sollte es großzügiger bemessen sein als ein Käfig, damit man zusätzliche Klettergestelle darin unterbringen kann. Zum Abdecken darf man keine Glasplatte verwenden, sondern muss ein Gitter nehmen, das die notwendige Belüftung gewährleistet und Ausbruchskünstler dennoch nicht entkommen lässt. Selbst Zwerghamster klettern leicht über Spielzeug aus einem Aquarium heraus und alle Hamster können erstaunlich gut springen.

Der Trend geht zum Zweitkäfig

Sehr empfehlenswert ist es, neben der eigentlichen Behausung einen zweiten, kleineren Käfig für seine Tiere bereitzuhalten. Er kann zum Transport dienen, wenn ein Hamster einmal zum Tierarzt muss oder wenn er in Urlaubspflege gegeben wird. Außerdem lässt sich der Hamster vorübergehend darin unterbringen, wenn der Hauptkäfig gereinigt wird. Aber auch bei Haltung einer Zwerghamstergruppe kann ein Ausweichkäfig sehr praktisch sein, für den Fall, dass es doch einmal zu gefährlichen Beißereien kommt, denn bei derartigen Streitigkeiten müssen die Tiere sofort getrennt werden.

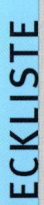

Grundausstattung für den Käfig

In jede Hamsterbehausung gehören unbedingt Einstreu, Nistmaterial und Sand sowie ein oder mehrere Schlafhäuschen, ein nicht zu leichter Fressnapf und eine Wasserflasche. Einzelheiten über Laufräder und anderes für Hamster geeignetes Spielzeug erfahren Sie auf Seite 52–54.

> *Wer hat da »Schlafmütze« gesagt? Man wird doch noch Siesta halten dürfen!*

Einstreu

Hamster haben empfindliche Atemwege, sodass man hochwertige, handelsübliche Einstreu verwenden sollte. Neben herkömmlichen Sägespänen gibt es inzwischen auch Einstreu auf Maisblatt- oder Papierbasis und besonders staubfrei hergestellte Späne, die sehr zu empfehlen sind. Seien Sie ruhig großzügig beim Einbringen der Streu. Meine Hamster bekommen einen etwa 10 cm dicken Bodenbelag. Darin kann man schöne Tunnel buddeln!

Schlafhäuschen

Hamster benötigen Höhlen, in denen sie schlafen und ihre Vorräte hamstern können. Wenn Sie eine Hamstergruppe halten, brauchen sie so viele Häuschen oder Verstecke, wie Sie Hamster haben, damit sie sich aus dem Weg gehen können. Aber auch Einzelhamster ziehen gern einmal um. Wählen Sie die Häuschen nicht zu klein. Geräumige Holz- oder Tonhäuschen,

1 Futternapf

Nicht alles Futter wird im Napf landen, aber es ist praktisch, einen zu haben. Zum Beispiel für »nasses« Futter wie Jogurt oder bei Anschaffung eines neuen Hamsters, bei dem Sie kontrollieren möchten, ob und wie viel er gefressen hat. Kaufen Sie einen schweren Keramiknapf, der nicht so leicht umfällt.

2 Sandschalen

Für Hamster bekommt man Klohäuschen, die mit sauberem, staubfreiem Sand gefüllt werden; alternativ können Sie aber auch Blumentopfuntersetzer aus Ton nehmen. Die Hamster nutzen die Schalen für Sandbäder und als Klo-Ecken. So kann man die »Hotspots« leicht reinigen, ohne jedes Mal den ganzen Käfig säubern zu müssen.

aber auch Vogelnistkästen bieten so viel Platz, dass selbst die Vorratskammer noch mit hineinpasst. Eine Alternative für die handelsüblichen Häuschen sind umgedrehte Tontöpfe, in die man ein Loch geschlagen hat. Vergessen Sie nicht, die scharfkantigen Ränder sorgfältig mit Sandpapier abzuschleifen. Weniger geeignet sind Plastikhäuschen, weil abgenagte und verschluckte Plastiksplitter böse innere Verletzungen hervorrufen können. Außerdem verletzen sich die Tiere oft an den scharfen Kanten und spitzen Ecken, die beim Annagen entstehen.

Nistmaterial

Ein gutes Nistmaterial ist Heu, von dem die Hamster zudem auch gern noch ein wenig fressen. Ebenfalls bewährt hat sich zerkleinertes Toiletten- oder Haushaltspapier, das allerdings unbedruckt sein sollte. Unverdauliche Hamsterwatte sollte man dagegen nicht verwenden, weil ein Verschlucken dieses Materials zu einem gefährlichen Darmverschluss führen kann. Außerdem kommt es durch die langen Baumwollfäden manchmal zur schmerzhaften Abschnürung von Gliedmaßen.

Trinkflasche

Hamster, die immer ausreichend Wasser zur Verfügung haben, sind in der Regel gesünder. Besonders gut geeignet sind mit einer kleinen Stahlkugel verschlossene Nippeltränken (im Zoofachhandel erhältlich), denn die herkömmlichen Wassernäpfe verschmutzen in einem mit Streu ausgelegten Käfig normalerweise viel zu schnell.

Fragen rund um Kauf und Ausstattung

? Sollte ich Hamster kaufen, die mir per Postversand angeboten werden?
Sehen Sie von einem solchen Kauf unbedingt ab, denn Sie haben keinerlei Kontrolle darüber, was für ein Tier Sie bekommen. Außerdem bedeutet das Verschicken auf dem Postweg so großen Stress für die kleinen Nager, dass man diese Form des Verkaufs Tierquälerei nennen muss.

? Mein Kind will unbedingt einen Hamster. Was kann ich tun?
Zunächst einmal sollten Sie sich darüber im Klaren sein, dass im Endeffekt Sie die Verantwortung für den Hamster haben. Beziehen Sie Ihr Kind mit altersgerechten Aufgaben in die Pflege mit ein. Daher sollten Sie selbst auch ein Interesse an den Tieren haben. Begleiten Sie Ihr Kind beim Kauf des Hamsters, denn an Kinder und Jugendliche unter 16 Jahren dürfen laut Gesetz keine Wirbeltiere verkauft werden. Daher muss auch jeder Zoofachhändler Tiere wieder zurücknehmen, die ohne Einverständnis der Eltern gekauft wurden. Entscheiden Sie sich für Gold- oder Streifenhamster, denn die sind ruhiger und noch am besten für Kinder zu handhaben.

? Was soll ich tun, wenn mein Hamster tränende Augen bekommt und matt und erschöpft wirkt?
Falls Sie gerade neue Einstreu oder ein anderes Nistmaterial ausprobieren, sollten Sie dieses Material schnell wieder entfernen. Möglicherweise sind darin Stoffe enthalten, auf die Ihr Hamster allergisch reagiert (→ Seite 45).

? Mein Hamster nagt fast ständig am Gitter. Kann ich etwas dagegen tun?
Solche stereotypen Handlungen sind häufig die Folge von Langeweile. Ganz wichtig sind dann die Beschäftigungstipps aus Kapitel 4. Helfen die nicht, sollten Sie vielleicht über ein Aquarium für Ihren Hamster nachdenken – das hat keine Gitterstäbe.

Dsungarische Zwerghamster machen es sich auch gern zu zweit gemütlich.

Was kann ich machen, wenn mein Hamster trotz aller Zähmungsversuche scheu bleibt und selten zu sehen ist?

Steht der Käfig vielleicht zu hell oder zu laut, zum Beispiel direkt neben einer Lampe, neben dem Fernseher bzw. einem Lautsprecher oder in einem Durchgang? Es kann oft Wunder wirken, wenn Sie einen ruhigeren Standort suchen oder die Behausung an drei Seiten mit Packpapier bzw. Holz verschließen.

Ich habe bei Bekannten einen Käfig mit Ebenen aus Gitterrosten gesehen. Ist er für die Haltung von Hamstern geeignet?

Die meisten Hamster fühlen sich in einem solchen Käfig nicht wohl. Außerdem können die Tiere leicht mit den Füßen zwischen die Stäbe geraten und sich dabei verletzen. Aus diesem Grund sollten Sie die Plattformen mit Holzplatten abdecken, die zuvor mit einem ungiftigen Lack gestrichen wurden, oder Sie ersetzen die Gitter direkt durch Holzplatten. Achten Sie aber darauf, dass sich die Plattformen überlappen, damit ein Hamster nie tiefer

als eine Ebenenhöhe abstürzen kann. Empfehlenswert sind außerdem Umrandungen, damit Streu oder Zubehör nicht herunterfallen.

Mein Hamster schläft in der Einstreu, im Laufrad oder einer Papprolle und nicht im Häuschen. Muss ich mir darüber Gedanken machen?

Nein. Ein solches Verhalten ist durchaus normal und ändert sich auch immer wieder. Generell werden Häuschen eher angenommen, wenn die Menschen nicht direkt hineinschauen können und es dunkel darin ist. Wie in der Natur lieben auch Haushamster »Baue« mit mehreren Aus- und Eingängen. Es könnte ja immer mal jemand vorbeikommen, der einen kleinen Hamster fressen will!

Die Sandschalen in meinem Hamsterkäfig riechen sehr stark nach Urin. Gibt es da Abhilfe?

Den oft sehr hartnäckigen Geruch können Sie dadurch bekämpfen, dass Sie die betroffenen Gefäße über Nacht in ein Essigwasserbad legen und danach dann sorgfältig abschrubben.

MEINE TIPPS FÜR SIE

Monika Lange

Wohlfühl-Paradies für Hamster

➤ Bedenken Sie beim Kauf einer Hamsterwohnung, dass man große Käfige seltener säubern muss.

➤ Einstreu aus Sägespänen ist häufig zu locker, um darin Tunnel zu graben. Abhilfe lässt sich schaffen, wenn man Heu untermischt, das etwa fingerlang geschnitten wurde.

➤ Manche Hamster müssen erst lernen, Nester zu bauen. Diese Tiere kann man anfangs mit einem vorgefertigten Nest unterstützen.

➤ Hamster in »Modefarben« werden häufig in Massen gezüchtet, um der Nachfrage zu entsprechen. Die Folgen sind meistens überzüchtete, krankheitsanfälligere Tiere.

➤ Hamster dürfen auf keinen Fall in Wasser gebadet werden. Sie halten ihr Fell selbst sauber. Baden führt zu potenziell tödlichen Erkältungen.

17

Kennenlern-Programm

Die Ankunft im neuen Zuhause

Für uns Menschen ist es zweifellos toll, den neuen Hamster endlich in seiner liebevoll eingerichteten Behausung sitzen zu sehen, aber für das verängstigte Tier bedeuten Transport und Umquartierung reichlich Stress und Unruhe.

Wo bin ich?

Auch wenn es manchmal schwer fällt, sollte man dem Tier jetzt ein paar Tage Ruhe gönnen. Hamster, die keine Chance hatten, sich richtig einzugewöhnen, reagieren auf Zähmungsversuche oft ängstlich oder gar aggressiv. Die Zeitspanne hängt vom Temperament des Hamsters ab. Manchmal reichen zwei Nächte; es kann aber auch mehr als eine Woche dauern. Übereilen Sie nichts, sondern versuchen Sie, die notwendige Geduld aufzubringen.

Sorgen Sie in dieser Zeit außerdem für möglichst viel Ruhe in der Umgebung des Tieres. Falls Sie das Zimmer, in dem der Hamster lebt, auch nachts benutzen, decken Sie den Käfig luftdurchlässig ab, z. B. mit einem Tuch. Im Schutz der Abdeckung kann der Hamster den Käfig dann in Ruhe erkunden.

Sanfte Eingewöhnung

Nähern Sie sich dem Käfig vorsichtig und sprechen Sie dabei ruhig mit dem Tier, damit es lernt, dass Sie zur neuen Umgebung dazugehören. Starten Sie bereits jetzt schon das abendliche Fütterungs- und Pflegeritual:
➤ Öffnen Sie den Käfig vorsichtig, damit das Tier in seiner Panik nicht an Ihrer Hand vorbeispringt.
➤ Beseitigen Sie in den Futternapf gefallene Einstreu.
➤ Füllen Sie neues Futter nach und verteilen Sie noch einige Leckerbissen in der Behausung.
➤ Kontrollieren Sie die Wasserflasche und legen Sie einen besonders leckeren Futter-

Auch bei Hamstern geht die Liebe durch den Magen – vor allem wenn sie mit leckerer Petersilie geködert werden.

brocken vor das Schlafhaus oder wo immer sich der Hamster versteckt hält.

➤ Sprechen Sie die ganze Zeit mit ruhiger Stimme weiter zu dem Tier. An diesen täglichen Vorgang muss sich der neue Mitbewohner gewöhnen und wenn der Hamster anschließend Futter und Leckerbissen in seiner Behausung findet, wird das für ihn in Zukunft ein Signal zum Aufstehen sein. Nach zwei bis drei Tagen können Sie bei dieser Gelegenheit auch die Klo-Ecken reinigen; die Kontrolle der Vorräte im Häuschen und die gründliche Reinigung der Behausung ist dagegen erst angebracht, wenn sich der Hamster richtig eingewöhnt hat. Im Moment nimmt er aber erst einmal seinen Käfig als neues Revier in Beschlag und setzt dabei für uns nicht wahrnehmbare Duftmarken ab, die beim Reinigen der Behausung gleich wieder zerstört würden. Und wenn Sie die Klo-Ecken regelmäßig sauber machen, sollte sich der auch für die menschliche Nase durchaus wahrnehmbare Uringeruch in Grenzen halten, bis Sie eine Vollreinigung vornehmen können.

Sich kennen lernen

Nähern Sie sich dem Käfig langsam und sprechen Sie dabei ruhig mit dem Tier. Lassen Sie sich beim Kennenlernen etwas Zeit, damit der Hamster sich an Sie gewöhnen kann.

Futterangebot

Futter bedeutet Friedensangebot und Bestechung zugleich. Der Hamster verbindet Ihre Hand später mit einer positiven Erfahrung. Bleiben Sie ruhig und ziehen Sie die Hand beim Beschnüffeln und »Probierknabbern« nicht gleich weg.

Auf die Hand nehmen

Ohne dass es dem Hamster so recht auffällt, ist er plötzlich auf die Hand geklettert. Er lernt Ihren Geruch kennen und Ihnen zu vertrauen. Achten Sie darauf, dass der Hamster nicht von der Hand springen kann.

Streicheln

Hamster werden gern an den Flanken gestreichelt. Machen Sie sich diese Vorliebe zunutze und gewöhnen Sie die Tiere so an die Berührung der menschlichen Hand. Wichtig ist es, sich dabei ruhig zu verhalten und langsam zu bewegen.

Der Beginn einer neuen Freundschaft

Wirbelt Einstreu durch die Luft und vollführt der Hamster Schrecksprünge, wenn er voller Panik in sein Versteck flüchtet? Dann warten Sie besser noch etwas mit Ihren ersten Zähmungsversuchen. Erst wenn das Tier direkt nach den abendlichen Pflegearbeiten herauskommt oder sich sogar neugierig ans Git-

> *Achten sie darauf, dass Ihr Hamster sein Futter im Käfig tatsächlich findet.*

ter wagt, während Sie in sanftem Ton mit ihm sprechen, ist der richtige Zeitpunkt für Ihre ersten Annäherungsversuche gekommen.

Wichtige Regeln für den Umgang

Hamster erkennen andere Lebewesen am Geruch (→ Seite 24). Daher sollten Sie sich fragen, wie Ihre Hände riechen. Vielleicht nach Parfüm, Seife oder Pizza? Dann hat der Hamster kaum eine Chance, Ihren Eigengeruch kennen zu lernen. Daher gilt: immer erst einmal die Hände mit reinem Wasser waschen. Außerdem reagieren auch unsere »Haushamster« genau wie ihre wilden Vorfahren, die sich stets vor Raubvögeln in Acht nehmen mussten, instinktiv mit Abwehr und Flucht auf alles, was unvermittelt von oben kommt, gleichgültig ob es sich dabei um Raubvögel oder Menschen handelt. Daher sollten Sie sich der Behausung

immer nur langsam nähern und die Hand stets auf Hamsterhöhe halten.

Wer Hamster tagsüber aus ihrem sicheren Bau reißt, kann nichts Gutes im Sinn haben. Aufgeweckt und freundlich sind Hamster nur während ihrer natürlichen Aktivitätsphasen. Also: abends Kontakt aufnehmen. Versuchen Sie, sich vor dem Zähmen mit der Körpersprache der Tiere vertraut zu machen (→ Seite 26–27). So zeigt der Hamster beispielsweise durch seine Körperhaltungen an, wenn er Angst hat, weil Sie ihm zu früh zu nah auf den Pelz gerückt sind. Und Abwehr kann manchmal schnell in Aggression umschlagen, wobei Hamsterbisse durchaus ziemlich schmerzhaft sein können.

TIPP

Der Heimtransport

➤ Das neue Hamsterheim sollte bereits fertig eingerichtet sein, wenn Sie das Tier kaufen.

➤ Der beste Zeitpunkt für den Transport eines Hamsters ist der Abend.

➤ Ein ausbruchssicherer Transportkäfig vermeidet Stress im Auto. Pappkartons widerstehen Goldhamsterzähnen nur wenige Minuten.

➤ Schützen Sie den Hamster während der Heimfahrt unbedingt vor Hitze, Kälte und Wind.

Hamster sind Individualisten

Wenn Ihr Hamster schon zahm ist, können Sie ihn auf die Hand laufen lassen und hochheben. Bedecken Sie ihn dabei vorsichtig mit der anderen Hand, damit er nicht plötzlich herunterspringt und sich dabei verletzt. Besonders wichtig ist diese Vorsichtsmaßnahe bei den quirligen Dsungaren und Roborowski-Hamstern. Dagegen klammern sich die possierlichen Streifenhamster oft regelrecht an der Hand fest, sodass diese Gefahr bei ihnen geringer ist. Es kann aber auch vorkommen, dass ein Hamster einfach nicht auf die Hand klettern will, selbst wenn Sie alle Tricks und Schliche anwenden – Hamster sind halt Individualisten. Müssen Sie ein solches Tier aus seiner Behausung holen, sollten Sie auf jeden Fall warten, bis es aus freien Stücken in eine Papphöre läuft, die Sie dann an beiden Enden zuhalten.

Streichel-Pause

Die meisten Hamster haben nach einer Weile genug davon, gestreichelt zu werden und das bringen sie dann

> *Bieten Sie Ihrem putzmunteren Kerlchen viele Sinnesreize – gerade auch für sein Näschen.*

manchmal mit einem Zwicken zum Ausdruck. Damit wollen Ihnen die Tiere zu verstehen geben: Jetzt reicht's mir! Ich will wieder runter! Seien Sie auf eine solche Unmutsäußerung vorbereitet und schleudern Sie den

Hamster nicht vor Schreck weg. Das könnte ihn ernsthaft verletzen. Weisen Sie vorsichtshalber auch Besucher, denen Sie das Tier auf die Hand geben, auf diese »Gefahr« hin, damit es nicht zu Unfällen kommt.

23

Was Hamster alles können

Die Sinne der Hamster sind auf das spezialisiert, was in ihrer Welt überlebenswichtig ist: der Geruch von Futter oder das rechtzeitige Entdecken eines Raubvogels oder anderen Feindes.

> *Also, klettern ist wirklich klasse – was wohl oben noch so alles geboten ist?*

Sehen

Hamster haben die für nachtaktive Tiere typischen großen Augen. Diese sitzen seitlich am Kopf und stehen knopfartig hervor. Dadurch besitzen die Tiere eine gute Rundumsicht, sodass sie Feinde rechtzeitig erkennen können. Auf kurze Entfernung sehen Hamster aber nicht so scharf wie wir. Deshalb reagieren sie häufig auch so schreckhaft, wenn man sich plötzlich und leise in ihr Blickfeld bewegt.

Da Hamster hauptsächlich während der Morgen- und Abenddämmerung aktiv sind, haben sich ihre Augen besonders gut an schwaches Licht angepasst. So erkennen sie beispielsweise Umrisse und Grautöne, aber keine Farben. Dies ist für sie aber auch nicht wichtig. In der Nacht sind schließlich alle Hamster grau. Bei der Futtersuche, aber auch beim Kontakt mit Artgenossen, verlassen Hamster sich stärker auf ihre anderen Sinne.

Riechen

Hamster haben einen sehr guten Geruchssinn, mit dessen Hilfe sie auch ihre Nahrung aufspüren. Die Nase spielt zudem für die Verständigung zwischen Artgenossen eine wichtige Rolle. Am Geruch erkennen Hamster andere Hamster und deren Geschlecht. Außerdem übermitteln sie durch Geruchsstoffe Botschaften, etwa wenn paarungsbereite Weibchen

TIPP

Anregung für die Sinne

➤ Nehmen Sie von Zeit zu Zeit kleinere Umstellungen im Käfig vor. Die Hamster, die ihr Revier jede Nacht kontrollieren, bemerken die Veränderungen mit ihrer feinen Nase und werden so zur weiteren Erkundung animiert. Und das ist gut gegen Langeweile.

➤ Um Ihren Händen einen vertrauten Geruch zu verleihen, können Sie vor der Annäherung an das im Käfig sitzende Tier etwas Einstreu zwischen den Fingern verreiben. Das hilft oft, die Scheu vor dem riesigen Berg Mensch zu verringern.

Lockspuren zu ihrem Bau legen. Alle Hamster haben Duftdrüsen am Kopf, unter dem Bauch und an den Geschlechtsöffnungen; Gold- und Streifenhamster außerdem an den Flanken. Mit Sekreten aus diesen Drüsen, die zwar für uns nicht zu riechen, aber mitunter auf glatten Oberflächen deutlich zu sehen sind, markieren die Tiere ihr Revier, hauptsächlich um Artgenossen fernzuhalten, aber auch, um sich zu orientieren. Deshalb sind sie stets ziemlich aufgeregt, wenn man sie in einen frisch gereinigten Käfig setzt. Denn dort fehlen plötzlich alle Duftmarken, sodass sie ihr Revier wieder neu »erobern« müssen.

Tasten

Für nachtaktive Tiere, die in unterirdischen Gängen leben, ist der Tastsinn besonders wichtig. Daher haben Hamster rund um die Schnauze, über den Augen und auf den Flanken lange Tasthaare, mit deren Hilfe sie blitzschnell die Größe einer Öffnung ertasten, aber auch Bewegungen in unmittelbarer Nähe wahrnehmen können – selbst wenn es stockfinster ist.

> Nach unten geht es leichter als nach oben – das macht Spaß!

Hören

Hamster haben tütenförmige Ohren, die sie aufstellen, zusammenklappen und wie einen Radarschirm in alle Himmelsrichtungen drehen können. Mit ihnen orten sie das leise Rascheln eines leckeren Käfers, aber auch den Anschleichversuch eines Fuchses. Und sogar Geräusche im Ultraschallbereich können Hamster höchstwahrscheinlich wahrnehmen, denn Jungtiere geben Laute in diesem Frequenzbereich von sich, wenn sie von ihrer Mutter getrennt wurden.

CHECKLISTE

Hamster fühlen anders

✔ Muss der Hamster in grellem Licht sitzen, wenn er sich im Käfig, im Auslaufgitter oder auf Ihrer Hand befindet? Das macht ihn so gut wie blind und er wird unsicher und ängstlich. Schatten Sie ihn lieber ab.

✔ Hat der Hamster bemerkt, dass Sie kommen? Sprechen Sie mit ihm, wenn Sie sich nähern, sonst erschrickt er.

✔ Haben Sie sich zu erkennen gegeben? Hamster identifizieren sowohl Artgenossen als auch ihre Menschen am Geruch. Bieten Sie deshalb Ihre Hand zum Schnüffeln an, damit er weiß, wer sich ihm nähert.

Verhaltensdolmetscher
Hamster

Kennen Sie die Hamstersprache? Hier erfahren Sie, was Ihr Tier mit seinem Verhalten ausdrücken möchte ? und wie Sie richtig darauf reagieren ➡.

> Hamster stopfen ihre Backentaschen häufig so voll, dass sie über ihren Schultern spannen.

? Sie leeren die Backentaschen, indem sie mit den Vorderpfoten darüber streichen.

➡ Werden sie gestört, spucken sie ihre Sammlung manchmal ganz plötzlich aus.

> Bei einer Begegnung beschnüffeln sich Hamster gegenseitig.

? Am Kopf und an den Genitalien sitzen Drüsen, die Duftstoffe absondern und an denen die Tiere sich erkennen.

➡ Sie können Ihren zahmen Hamster zur Begrüßung an den Backen streicheln.

Der Hamster benagt sein Schlaf-häuschen und andere Gegen-stände.

? Das Tier sorgt dafür, dass sich seine Zähne abnutzen.
➡ Bieten Sie geeignete Zweige oder andere Knabberhilfen an.

Der Hamster hält die Nase in den Wind, die Pfoten hängen entspannt herab.

? Das Tier prüft die Gerüche und Geräusche der Umgebung.
➡ Geben Sie Ihrem Hamster bei einer Annäherung die Mög-lichkeit, Sie am Geruch und an der Stimme zu erkennen.

Der Hamster klettert viel herum.

? Hamster verschaffen sich gern einen besseren Überblick von einer erhöh-ten Position aus.
➡ Sorgen Sie unbedingt für Klettermöglichkeiten im Hamsterheim.

Der Hamster wühlt sich häufig in die Streu ein, obwohl er ein Schlafhäuschen besitzt.

? Das Tier befriedigt so seinen Wühltrieb.
➡ Sorgen Sie für eine dicke Einstreuschicht (etwa 10 cm).

Hamsternachwuchs

Hamsterweibchen sind alle vier Tage paarungsbereit! Nur dann dulden sie ein Männchen in ihrer Nähe; sonst wird es vertrieben. Und da Weibchen gegenüber Männchen keine Beißhemmung haben, kann das in einem Käfig schlimm ausgehen.

> *Junghamster erforschen ihre Umgebung anfangs sehr vorsichtig.*

Die Paarung

Das Männchen erkennt ein paarungsbereites Weibchen am Geruch. Das Weibchen verharrt mit durchgedrück-

tem Rücken und erhobenen Schwanz, während das Männchen mehrfach mit ihm kopuliert. Die Männchen der Gold- und Streifenhamster ziehen sich danach wieder in ihr eigenes Revier zurück, bei anderen Zwerghamstern bleiben die Männchen mit den Weibchen zusammen und helfen sogar bei der Geburt und Aufzucht. In Gefangenschaft werden die Väter allerdings oft vertrieben, sobald die Jungen geboren sind.

Hamsterbabys im Anmarsch

Die Trächtigkeit der Weibchen kann man häufig nur daran erkennen, dass das Tier

ruppig wird und ein aufwändigeres Nest baut. Die Tragezeit ist bei Goldhamstern mit 16 Tagen extrem kurz; bei Zwerghamstern beträgt sie ungefähr drei Wochen. Kurz vor der Geburt wird das Weibchen unruhig, bevor es sich schließlich in sein Nest zurückzieht. Die Geburt findet häufig frühmorgens statt, wobei die Mutter den Hamsterbabys aktiv auf die Welt hilft. Bei der Betreuung einer Hamsterfamilie müssen Sie Folgendes beachten:
➤ Hamstermütter brauchen bei der Geburt keine menschliche Hilfe.
➤ Stören Sie die Mutter so wenig wie möglich und fassen

TIPP

Trächtigkeit und Jungenaufzucht

➤ Trächtige Weibchen sind gut in einem einfachen Plastikterrarium aufgehoben, weil die Jungtiere dort nicht durch die Gitterstangen rutschen können.

➤ Füttern Sie während der Schwangerschaft reichlich Proteinnahrung (→ Seite 36).

➤ Die Mutter braucht Zugang zur Wasserflasche, aber bei den Jungtieren kann man Durchfall vermeiden, wenn man sie ihren Flüssigkeitsbedarf anfangs nur durch eine Möhre oder Gurke decken lässt.

> *Obsttag: Wie so vieles ahmen Junghamster auch das Fressverhalten ihrer Mutter nach und erfahren so, was gut schmeckt. Bieten Sie Ihren Lieblingen jedoch Obst nur in Maßen an!*

Sie nicht ins Nest hinein.
➤ Säubern Sie etwa zwei Wochen lang lediglich die Klo-Ecken.
➤ Füttern Sie reichlich. Goldhamster werfen ungefähr fünf bis neun Junge, Zwerghamster haben zwei bis zehn Nachkommen und die kleinsten Würfe findet man bei den Roborowski-Zwerghamstern.

Hamsterkindheit

Die Jungen, die bei allen Hamsterarten nackt, taub und blind auf die Welt kommen, sind in ihren ersten Tagen auf ein warmes Nest angewiesen. Sie drängeln immer da hin, wo es am behaglichsten ist, also mitten im Geschwisterhaufen.
Nach einigen Tagen öffnen sich Augen und Ohren und die Kleinen beginnen herumzukrabbeln. Ausreißer holt die Mutter wieder ins Nest zurück. Mitunter zieht sie auch mit den Jungen in ein anderes Nest um. Schon nach wenigen Tagen nehmen die Junghamster neben der Muttermilch auch feste Nahrung zu sich. Sie beginnen nun ihre Umgebung zu erforschen, verwickeln ihre Geschwister in Spielkämpfe und hopsen übermütig herum. Nach drei Wochen – bei Roborowski-Zwerghamstern dauert es etwas länger – sind die Jungen selbstständig. In der Natur würden sie sich nun bald ein eigenes Revier suchen und auch im Käfig kümmert sich die Mutter jetzt nicht mehr um ihren Nachwuchs, sondern versucht die Jungen schließlich sogar aus ihrer Nähe zu vertreiben.

Fragen rund um Nachwuchs und Verhalten

Ich habe einen bereits zahmen Hamster gekauft. Wie muss ich ihn behandeln?

Auch ein solches Tier braucht eine gewisse Zeit, um sich an die neuen Verhältnisse zu gewöhnen. Generell sollte man bereits gezähmte Hamster möglichst täglich einmal kurz streicheln oder hochnehmen, damit der Kontakt nicht abreißt.

Was kann ich tun, wenn mein Hamster einfach nicht zahm werden will?

Am wichtigsten ist es, niemals die Geduld zu verlieren und es immer wieder zu probieren. Es gibt allerdings auch Hamster, die sich den Menschen nie richtig anschließen. Daran kann man leider nichts ändern.

Wie gehe ich mit einer Gruppe von Hamstern richtig um?

Eingewöhnung und Zähmung laufen wie bei einem Einzelhamster ab. Stellen Sie sich darauf ein, dass das Interesse an Ihnen aber nicht so groß ist wie beim allein gehaltenen Tier. Auch werden nicht alle Mitglieder der Truppe gleich zahm werden.

Ich höre meine Hamster manchmal ziemlich laut quieken. Ist irgendetwas nicht in Ordnung?

Hamster können eine Reihe verschiedener Töne von sich geben. Typisch ist beispielsweise das Vor-sich-hin-grummeln – auch wenn sie allein sind. Bei einem Zusammentreffen mit anderen Hamstern sind die für uns hörbaren Töne meistens Warnungen, etwa das Zähneraspeln. Lautes Quieken hört man zumeist dann, wenn die Tiere große Angst haben oder wenn sie in Beißkämpfe verwickelt sind. Untersuchen Sie Ihre Tiere in einem solchen Fall unbedingt auf Bisswunden (→ Kapitel 3). Wenn die Kämpfe nicht aufhören, die Wunden schlimmer werden und die Hamster sogar sichtbar an Gewicht verlieren, müssen sie auf jeden Fall getrennt werden.

Bei scheuen Hamstern braucht man mehr Geduld für die Eingewöhnung.

❓ Mein Hamster fährt häufig zusammen, wenn ich mich mit meiner Hand nähere. Wie kann ich mich ihm richtig nähern?
Sprechen Sie mit ihm, wenn Sie in sein Sichtfeld kommen und wackeln Sie ein wenig mit dem Finger, damit der kurzsichtige Hamster Sie auch bemerkt.

❓ Ich habe meinen Hamster trotz aller guten Vorsätze durch den Käfig gejagt, um ihn zu greifen. Was soll ich jetzt tun?
Sorgen Sie dafür, dass die Situation nicht als schlechte Erinnerung haften bleibt. Geben Sie dem Hamster Gelegenheit, sich auf Ihrer Hand zu beruhigen und auch ein Leckerbissen als kleine Entschuldigung schadet nichts.

❓ Warum schleicht mein Hamster immer nur an den Rändern seines Käfigs entlang?
Hamster orientieren sich weniger mit den Augen, sondern folgen lieber Kanten und Gegenständen oder ihren angelegten Geruchspfaden, weil sie sich so sicherer fühlen. Wild lebende Hamster stehen schließlich auf der Speisekarte vieler Raubtiere. Sie können Hamster zur Erkundung der Käfigfläche ermutigen, indem Sie dort Zweige, Papprollen oder Spielzeug verteilen (→ Seite 50–51).

❓ Mein Hamsterweibchen hat seine Jungen gefressen. Habe ich etwas falsch gemacht?
Kannibalismus kommt bei allen Hamster-Arten vor – auch in der Natur. So fressen die Weibchen kranke oder tot geborene Junge oder reduzieren zu große Würfe. Allerdings reagieren einige Tiere auch auf Störungen mit Kannibalismus, sodass man das Nest in den ersten zwei Wochen ganz in Ruhe lassen sollte. Wichtig ist in dieser Zeit aber auch eine verstärkte Fütterung mit proteinreicher Nahrung, etwa mit hart gekochtem Ei oder Mehlwürmern; außerdem braucht das Weibchen stets frisches Wasser. Bei den Roborowski- und den Dsungarischen Zwerghamstern wirkt sich auch die Mithilfe der Väter bei der Aufzucht positiv aus. Allerdings lassen nicht alle Weibchen ein solches Bemühen zu.

Monika Lange

MEINE TIPPS FÜR SIE

So hamstern Sie Vertrauen

➤ Ihr Hamster wird Ihnen schneller vertrauen, wenn Sie ihn nicht jedes Mal greifen, sobald er sich außerhalb des Häuschens blicken lässt.

➤ Lassen Sie den Hamster eventuell von oben auf Ihre Hand klettern. Manche Tiere finden das sicherer.

➤ Lassen Sie Ihren Hamster am Ende des Auslaufs einmal in einer Pulloverfalte schlafen. Der Körperkontakt schafft eine engere Bindung zwischen Ihrem Liebling und Ihnen.

➤ Lassen Sie bei der Käfigreinigung ein wenig alte Streu im Käfig, damit die für den Hamster neue Umgebung vertraut riecht.

➤ Hamster lieben die Ruhe. Familie und Freunde werden sicher verstehen, dass sie ein paar Tage warten müssen, bis Sie ihnen den neuen Mitbewohner erstmalig vorführen können.

Fit-und-gesund-Programm

Das Richtige im Napf

Die richtige Ernährung ist die wichtigste Gesundheitsvorsorge für Ihren Hamster. Daher sollten Sie ihn mit einem möglichst ausgewogenen und abwechslungsreichen Angebot fit halten.

Der Hamstermagen

Der Magen des Hamsters besteht aus zwei Kammern, erinnert also ein wenig an den einer Kuh. Diese Anpassung macht die Verdauung von Pflanzenteilen möglich, die für uns keinen Nährwert hätten. Deshalb ist nicht alles, was für Menschen gut ist, auch für Hamster gesund: Die spezialisierte Verdauung der Tiere kann durch menschliche Nahrung empfindlich gestört werden. Aber es gibt noch genügend Leckereien, mit denen Sie Ihren Hamster verwöhnen dürfen.

Her mit den Körnern

Die Hauptnahrung wild lebender Hamster sind Sämereien und auch unsere Heimtiere brauchen täglich ihr Körnerfutter. Die meisten handelsüblichen Hamsterfuttersorten enthalten allerdings zu viele fettreiche Nüsse und Sonnenblumenkerne, die in diesen großen Mengen schädlich sind, zu viele »bunte Bestandteile«, die die Hamster gar nicht fressen und zu wenig kleinere Sämereien. Daher ist es besser, das Futter selbst zu mischen. Benutzen Sie dazu möglichst viele unterschiedliche Getreidesorten (→ Tabelle Seite 35) und fügen Sie Wellensittichfutter hinzu. Bei Goldhamstern sollte das Wellensittichfutter etwa ein Viertel bis ein Drittel der Mischung ausmachen, bei Zwerghamstern die Hälfte. Um Verdauungsstörungen zu vermeiden, ist es besser, Hamster langsam auf neues Futter umzugewöhnen. Ein wenig Vorsicht ist zudem bei spitzen Sämereien geboten, an denen die Tiere sich die Backentaschen verletzen können. Wenn Sie den größten Teil des Körnerfutters über der Einstreu verteilen, geben Sie Ihrem Hamster die Gelegenheit zu einer artgerechten Beschäftigung.

Fettreiches Futter

Hamster lieben fettreiche Nüsse und Körner, von denen sie allerdings leicht zu dick werden. Die Folge sind Leberschäden, Diabetes und andere gesundheitliche Probleme sowie ein kürzeres Leben. Nüsse und Sonnenblumenkerne enthalten aber auch viel Vitamin E und andere wich-

> *Knackig und gesund: Frischfutter versorgt den Hamster mit Flüssigkeit.*

tige Nährstoffe. Deshalb: Nüsse ja – aber nicht zu viele.

Salat und mehr

Frischfutter versorgt den Hamster mit Vitaminen und Mineralien, aber auch mit Flüssigkeit. Waschen oder schälen Sie das Obst und Gemüse, um Pestizide zu entfernen, oder nehmen Sie ungespritztes Biogemüse. Bevor das Frischfutter in den Käfig kommt, muss es gründlich trockengetupft werden, damit die Tiere keinen Durchfall bekommen.

> *Für einen Leckerbissen tun Hamster fast alles. Aber auch für die kleinen Nager gilt: Zu viel ist ungesund.*

Ernährungsplan

Körnerfutter: täglich	➤ Ein gehäufter Esslöffel (Goldhamster), knapp die Hälfte pro Zwerghamster ➤ Zum Mischen: Weizen, Gerste, Reis, getrockneter Mais und/oder Polenta, Hirse, Buchweizen, Mehrkornflocken, Presspellets (werden von vielen Hamstern verschmäht – ausprobieren), getrocknete Linsen, Erbsen ➤ Jeden Tag wechseln, damit der Hamster nicht nur wenige bevorzugte Sorten frisst und es zu keinen Mangelerscheinungen kommt
Frischfutter: täglich	➤ 1–2 Sorten pro Tag (nicht direkt aus dem Kühlschrank verfüttern) ➤ Äpfel, Bananen, süße Beeren, Trauben, Melone, Möhren, Salat, Spinat, Mais, Gurke, Zucchini, rote Paprika, Sellerie, Erbsen, Tofu ➤ Löwenzahn, Gänseblumenblüten, Vogelmiere, frisches Birken-, Erlen-, Buchen- oder Hasellaub, Zweige, Blätter und Blütenknospen von Obstbäumen
Fettfutter: einmal pro Woche	➤ Nüsse, Sonnenblumen- oder Kürbiskerne. Bieten Sie dieses aber in Maßen an, also jeweils nur wenige Kerne pro Hamster
Eiweißfutter: alle zwei Tage einmal die Woche	➤ 1-2 Mehlwürmer pro Tier oder entsprechende Menge Tatar, ein halber Teelöffel Jogurt oder Hüttenkäse für Goldhamster, etwas weniger für Zwerghamster ➤ Hundekuchen oder ein Viertel Teelöffel Fischfutter
Nagefutter immer anbieten	➤ Zweige von Birke, Erle, Buche, Hasel oder Obstbäumen ➤ Ungekochte Nudeln

Eiweiße

Hamster sind keine Vegetarier. In der Natur decken die Tiere ihren Eiweißbedarf vor allem mit Insekten. Die be-

> *In einer Trinkflasche bleibt das Wasser immer schön sauber.*

kommen Sie auch im Zoofachhandel; beispielsweise Heimchen und Mehlwürmer. Futtertiere kann man in einem ausgedienten Gurkenglas halten, dessen Deckel mit Luftlöchern versehen wurde. Gefüttert werden sie mit Haferflocken und Apfelstücken. Bewahrt man Mehlwürmer im Kühlschrank auf, »halten« sie sich länger, das heißt, sie ver-

puppen sich später. Alle, die sich davor ekeln, diese Tierchen anzufassen, sollten sie mit einer Pinzette verfüttern (schwarz verfärbte Würmer sind tot; sie dürfen nicht mehr verwendet werden). Bei vielen Hamstern erwacht augenblicklich der Jagdtrieb, wenn sie Insekten gefüttert bekommen.

Natürlich gibt es auch Alternativen zum Lebendfutter, beispielsweise:

➤ frisches, fettarmes Rindertatar,
➤ fettarmer Jogurt,
➤ Hüttenkäse.

Harte Hundekuchen liefern Proteine und sind gleichzeitig Nagefutter. Allerdings müssen sie aus tierischen Bestandteilen hergestellt worden sein (Zutatenzettel lesen). Richtig gut für einen rundum

schönen Hamster sind Zierfischfutterflocken. Sie bestehen aus Hefe, Krebsfleisch sowie Fischölen und enthalten neben Eiweiß eine Menge Vitamine, die gut für Fell und Haut sind. Probieren Sie ein wenig herum. Nicht jeder Hamster hat Interesse an allen genannten Futtersorten.

Leckerbissen

Mit Ausnahme des Körnerfutters sind alle oben aufgezählten Nahrungsmittel Leckerli, da sie nicht täglich gefüttert werden. Weitere Leckerbissen sind beispielsweise ungeschwefelte Rosinen oder anderes Trockenobst (in sehr geringen Mengen, sonst verkleben die Backentaschen). Wenn Sie den Knabberstangen im Zoofachhandel nicht widerstehen können, wählen

---

TIPP

Nagefutter

➤ Hamster sind Nagetiere, die ihre Zähne regelmäßig benutzen müssen, damit sie nicht zu lang werden.

➤ Gutes Nagefutter sind neben Hundekuchen und trockenen Nudeln auch Zweige bestimmter Laubäume (→ Tabelle Seite 35).

➤ Schrubben Sie die Zweige sorgfältig mit heißem Wasser ab, um so Schmutz und Ungeziefer möglichst vollständig zu entfernen.

 *Unterschiedliches Frischfutter sollte regelmäßig auf dem Speiseplan Ihres Hamsters stehen.*

Sie möglichst zucker- und fettfreie Produkte. Häufig sind Sie mit Vogelknabberstangen besser beraten. In der Vogelabteilung Ihrer Tierhandlung finden Sie außerdem Kolbenhirse – für Hamster Leckerbissen und Beschäftigung zugleich.

Vitamine

Wenn Sie Ihren Hamster abwechslungsreich ernähren, braucht er keine zusätzlichen Vitamine. Anders verhält es sich bei trächtigen Weibchen oder wenn Sie die Genesung eines Tieres unterstützen wollen. Suchen Sie dann aber nach speziellen Hamster- oder Nagetierpräparaten.

Wasser

In der Natur können Hamster zwar auch ohne Wasser auskommen, weil sie ihren Flüssigkeitsbedarf mit Frischfutter und tierischer Nahrung decken, aber Haushamster sind einfach gesünder, wenn sie immer frisches Wasser zur Verfügung haben. Verwenden Sie keine zu großen Trinkflaschen, denn die verführen dazu, das Wasser nicht täglich zu wechseln, mit dem Ergebnis, dass Bakterien und Algen darin wachsen.

CHECKLISTE

Ungeeignetes Hamsterfutter

✔ Schokolade und Süßigkeiten schaden der Hamsterverdauung und verkleben die Backentaschen, sodass der Hamster zum Tierarzt muss.

✔ Die Kerne von Kirschen, Pflaumen und anderen Steinobstarten enthalten ein gefährliches Gift.

✔ Nadelhölzer, bzw. ihre Harze sind schädlich.

✔ Eine Reihe von Zimmer- und Gartenpflanzen (z. B. Weihnachtsstern, Christusdorn, Fingerhut und Buschwindröschen) sind giftig und selbst kleine Mengen toxischer Substanzen können die leichtgewichtigen Hamster umbringen.

Pflege-Einmaleins

Hamster lieben es nicht nur sauber und ordentlich, sondern haben auch eigene Vorstellungen davon, wie ihre Behausung auszusehen hat. So brauchen sie einen Platz zum Schlafen, einen Ort, an dem sie ihre Vorräte sammeln (meistens dort, wo sie auch

> *Mit vollen Backentaschen auf dem schnellsten Weg zum Hamsterhort.*

schlafen) und einen oder mehrere Plätze, an denen sie ihren Urin absetzen können (der trockene Kot wird allerdings großzügiger verteilt).

In jedem Käfig sammeln sich mit der Zeit Urin und Kot an. Dadurch bildet sich u. a. Ammoniak, und der Käfig fängt an zu riechen. Das ist weder für uns noch für den Hamster angenehm, auch weil Ammoniak die Atemwege der Tiere reizt. Ganz besonders trifft das bei der Haltung von Hamstern in einem Aquarium oder Terrarium zu, weil weniger Luftaustausch stattfindet als in einem Gitterkäfig, während außerhalb der Glasscheiben der Geruch nicht so auffällt.

Die tägliche Routine

Bei jedem Hamsterhalter sollte abends folgende kleine

Routine auf dem Programm stehen:

➤ Die Einstreu aus den Futternäpfen sortieren und Futter auffüllen.

➤ Das Frischfutter vom Vortag entfernen, damit es nicht schimmelt.

➤ Die Wasserflasche reinigen und neu auffüllen.

➤ Verdreckte Klo-Ecken ausmisten und mit neuem Sand versehen.

➤ Körnerfutter und zusätzliche Nahrung über die Einstreu verteilen (entweder jetzt oder wenn der Hamsterauslauf beendet ist).

Häufig lockt das Herumfuhrwerken im Käfig den Hamster aus seinem Schlafplatz, sodass

---

TIPP

Reinigung der Wasserflasche

➤ Benutzen Sie keine Reinigungsmittel, sondern spülen Sie die Wasserflasche nur mit heißem Wasser aus.

➤ Nehmen Sie für die gründliche Reinigung eine Flaschen- oder Zahnbürste.

➤ Kontrollieren Sie die Wasserflasche vor dem Aufhängen. Ist noch eine Luftblase im Trinkröhrchen, spendet sie kein Wasser.

➤ Überprüfen Sie auch im Käfig noch einmal, ob tatsächlich Wasser herauskommt, wenn Sie mit dem Finger gegen die Stahlkugel tippen.

Sie auch gleich sein Häuschen kontrollieren können. Dort sind manchmal auch Frischfutterreste im Vorratshaufen versteckt, die schnell vor sich hin schimmeln. Für diese Kontrolle sind die Häuschen mit abnehmbaren Dach besonders praktisch.

Wenn der Hamster jetzt aktiv wird, wird er sein Geschäft verrichten, etwas fressen und sich dann zur Erkundung aufmachen. Nun ist die ideale Zeit, in der Sie sich mit dem Hamster beschäftigen sollten. Sie können ihn auf die Hand nehmen oder ihm Freilauf geben (→ Seite 50–51), altes gegen neues Spielzeug austauschen oder ihn einfach nur beobachten.

Wie oft muss der Käfig gesäubert werden?

Dies hängt davon ab, wie viele Hamster Sie haben und wie groß der Käfig ist. Mehr Tiere machen natürlich mehr Dreck, während ein großer Käfig nicht so schnell verschmutzt. Einmal pro Woche ist ein guter Richtwert; bei großen Käfigen reichen alle eineinhalb bis zwei Wochen. Riecht es schon, während Sie sauber machen? Dann müssen Sie nächstes Mal eher ran.

> *Baden überflüssig – gesunde Hamster sorgen selbst für ihre Körperpflege.*

Während der Reinigung muss der Hamster natürlich aus dem Käfig genommen werden. Allerdings sollte er während dieser Zeit nicht frei herumlaufen, denn er könnte zwischen Ihre Füße geraten, vom Staubsauger überrollt werden oder ungesehen in die Mülltüte mit der alten Einstreu schlüpfen. Setzen Sie ihn lieber in den Transportkäfig oder in einen tiefen Eimer, da ist er besser aufgehoben, während Sie sich seiner Käfigpflege widmen.

Hausputz im Hamster-Heim

Ein dreckiger Käfig leistet Ungeziefer Vorschub, aber auch Krankheiten wie Augenentzündungen und Infektionsdurchfall. Daher sollten Sie die Reinigung des Hamsterkäfigs unbedingt in regelmäßigen Abständen durchführen. In vernächlässigten

> *Offene Türen nutzen viele Hamster gern zu einem kleinen Ausflug.*

Käfigen leben keine gesunden Hamster.

Für die Rundumreinigung des Käfigs brauchen Sie eine Mülltüte, heißes Wasser, einen Lappen sowie Kehrblech und Besen oder auch einen Staubsauger. Nehmen Sie alle Häuschen und das Spielzeug aus der Behausung und entfernen Sie die alte Streu. Heben Sie einen Teil der gehamsterten Vorräte auf, natürlich nur, wenn sie nicht vergammelt wirken. Seinen Hort hätte der Hamster nämlich gern wieder. Schrubben Sie den Käfig mit heißem Wasser gut ab, benutzen Sie aber keine scharfen Reinigungsmittel, weil diese die Atemwege des Hamsters reizen. Säubern Sie auch die Plattformen, Gitter und das Spielzeug sorgfältig und lassen Sie es gut trocknen. Wenn Sie die Klo-Ecken regelmäßig reinigen, brauchen Sie keine Nager-Deos verwenden. Die stören nur den Geruchssinn der Tiere, ebenso wie deodorierte Einstreu. Desinfiziert werden müssen Käfige nur dann, wenn der Hamster krank war oder Parasiten hatte. Und dafür gibt es im Handel ungiftige und speziell für Nagetiere geeignete Desinfektionsmittel. Wenn alles wieder trocken ist, richten Sie den Käfig neu ein: Einstreu, Sand, Nistmaterial, Häuschen und was sonst

noch hineingehört. Jetzt bietet sich auch die Gelegenheit, ein oder zwei Spielzeuge auszutauschen, um so für Abwechslung zu sorgen. Zum Schluss kommt der Hamster wieder in den Käfig. Er ist jetzt sehr beschäftigt, denn er muss zunächst einmal alles wieder neu einrichten, was wir Menschen in Unordnung gebracht haben.

Spielzeug nicht vergessen

Nicht vergessen sollte man, auch das Spielzeug sowie andere Einrichtungsgegenstände des Hamsterheims regelmäßig zu reinigen. Besonders Zubehörteile aus Holz nehmen schnell einen unangenehmen Geruch an, wenn sie nicht regelmäßig mit warmem Wasser und einer Bürste geschrubbt werden. Nach einiger Zeit wird diese Mühe aber gerade bei Holzgegenständen nur noch wenig Erfolg bringen. Dann bleibt einem zumeist nichts anderes übrig, als solche Teile auszutauschen.

Keine Regel ohne Ausnahme

Wie bereits erwähnt, verhalten sich Hamsterweibchen

mit Jungen in der ersten Zeit nach der Geburt oft etwas nervös – unabhängig davon, wie zahm und zutraulich sie normalerweise schon sind. Daher sollten Sie in dieser Zeit bei der Reinigungs des Hamsterheims nur sehr vorsichtig vorgehen oder am besten einmal ganz darauf verzichten. Eine etwas stärkere Geruchsbelastung ist für Hamster und Halter sicher leichter hinzunehmen, als wenn die Mutter ihre Jungen verlassen oder sie gar totbeißen würde.

Gepflegtes Äußeres

Hamster legen Wert auf einen gepflegten und sauberen Pelz. Daher putzt sich ein gesunder Hamster auch mehrmals täglich. Hilfe braucht er dabei normalerweise nicht. Unterstützen kann man die Fellpflege aber durch die schon erwähnten Sandbäder, die überflüssiges Öl aus dem Fell ziehen. Sollte ein Hamster plötzlich ein zotteliges Fell bekommen und ungepflegt wirken, dann muss man das unbedingt als Alarmzeichen werten. Möglicherweise ist er krank und braucht eine Behandlung (→ Seite 42-45).

> *Alles riecht nach Mensch – nun aber erst einmal putzen.*

Teddyhamster kann man vorsichtig mit einer Zahnbürste oder Babybürste kämmen. Manchmal verknotet sich ihr Fell, ebenso wie das anderer Langhaarrassen, oder es bleiben Futterstückchen in den Haaren hängen. Wenn die Tiere Knoten im Fell haben, sollten Sie diese vorsichtig herausschneiden. Hamster dürfen nicht gebadet werden und eine solche Tortur ist auch absolut überflüssig. Nicht selten erkälten sich Hamster dabei oder bekommen sogar eine Lungenentzündung.

CHECKLISTE

Pflegeplan

Täglich:
- ✔ Füttern
- ✔ Altes Frischfutter entfernen
- ✔ Wasser wechseln
- ✔ Wasserflasche auf Funktionstüchtigkeit überprüfen
- ✔ Beschäftigung mit dem Hamster, evtl. Freilauf

Jeden zweiten Tag:
- ✔ Kloecke säubern
- ✔ Vorratskammer kontrollieren

Jede Woche oder nach Bedarf:
- ✔ Vollreinigung des gesamten Käfigs
- ✔ Reinigung des Spielzeugs, der Häuschen und des Napfes
- ✔ Einen Teil des Spielzeugs wechseln

So bleibt Ihr Hamster gesund

Sachkundige und liebevolle Pflege ist die beste Gesundheitsvorsorge für Ihren Hamster, denn die weitaus meisten Krankheiten entstehen erst durch Fehler bei der Haltung.

> *Kolbenhirse ist ein idealer Leckerbissen und Beschäftigung zugleich.*

Krankheiten vermeiden

Viele Hamsterkrankheiten sind durch Stress bedingt. So kann es beispielsweise aufgrund von Störungen während des Tages (falscher Käfigstandort, häufiges Wecken) oder durch zu viele Tiere in einem Käfig zu bestimmten Hauterkrankungen und Infektionen kommen. Andere häufige Krankheitsursachen sind:

➤ mangelnde Hygiene,
➤ staubige Einstreu,
➤ zu wenig Bewegung,
➤ nicht genug Abwechslung,
➤ falsche Ernährung.

Vergiftungen: Bei Hamstern, die regelmäßig frei im Zimmer herumlaufen, muss man immer auch mit Vergiftungen rechnen, etwa durch giftige Zimmerpflanzen oder angenagte Medikamente. Typische Anzeichen für eine Vergiftung sind Lähmungserscheinungen oder auch Gleichgewichtsstörungen Ihres kleinen Nagetieres. Suchen Sie in einem solchen Fall sofort einen Tierarzt auf.

Hitzeschock: Zu einem Hitzeschock kann es leicht kommen, wenn die Behausung eines Tiers in der heißen Sonne steht, besonders wenn es sich bei dem Hamsterheim um ein Aquarium oder ein Terrarium handelt, in dem nur wenig Luftaustausch stattfinden kann.

Liegt Ihr Hamster leblos in seiner Behausung oder japst er nach Luft, dann sollten Sie ihn sofort an einen kühleren Ort bringen.

TIPP

Vorsorge und Verhalten im Krankheitsfall

➤ Bei täglicher Beschäftigung mit dem Hamster werden Sie krankhafte Veränderungen rechtzeitig bemerken.

➤ Wiegen Sie den Hamster regelmäßig auf einer Küchenwaage, um Gewichtsverluste frühzeitig zu erkennen.

➤ Halten Sie die Telefonnummer eines hamsterkundigen Tierarztes griffbereit und handeln Sie im Krankheitsfall schnell.

➤ Transportieren Sie das kranke Tier vor Wind, Wetter und Hitze geschützt. Nehmen Sie etwas Futter und Wasser mit auf den Weg.

Unfälle: Eine häufige Unfalls-
ursache ist ungeeignetes
Spielzeug, dazu zählen besonders Laufräder oder alte Käfige mit losen Gitterstäben, an
denen sich die Tiere verletzen
können.
Aber auch ein Sturz in die
Tiefe verursacht manchmal
Knochenbrüche, die dann
unbedingt vom Tierarzt
behandelt werden müssen.
Vor allem, wenn die Tiere zu
lange Krallen haben, bleiben
sie leicht irgendwo hängen
und brechen sich dann die
dünnen Beinchen.
Wenn Sie die hier genannten
Fehler vermeiden, werden
die eigentlich robusten
Hamster aber relativ selten
erkranken.

*Nein, meine Medizin, die nehm ich nicht! Außerdem geht es
mir gar nicht mehr so schlecht!*

Rechtzeitig zum Tierarzt

Wenn Hamster trotz bester
Pflege aber doch einmal
erkranken, verschlechtert sich
ihr Gesundheitszustand häufig sehr schnell. Daher sollten
Sie bei den ersten Anzeichen
einer Krankheit den Besuch
beim Tierarzt keinesfalls
hinauszögern.
Am besten kümmern Sie sich
gleich nach Anschaffung des
Hamsters um die Adresse
eines Tierarztes, der sich mit
Kleinnagern auskennt, und

nicht erst, wenn Sie dessen
Hilfe schon dringend brauchen. Nach einem »hamsterkundigen« Tierarzt kann man
sich in Zoofachgeschäften, bei
Hamsterclubs oder auch im
Internet (→ Adressen, Seite 60)
umhören.

Krankenpflege

Um einen Hamster mit Haus-
mitteln gesund zu pflegen,
braucht man eine Menge
Erfahrung. Hat man diese
nicht, sollte man die Hilfe
eines Tierarztes in Anspruch
nehmen. Dennoch gibt es
einige Maßnahmen, mit
denen Sie Ihrem Pflegling

auch selbst helfen können.
➤ Ein kranker Hamster
braucht Ruhe und Schutz vor
starken Temperaturschwan-
kungen und vor zu hoher
oder zu niedriger Luftfeuch-
tigkeit.
➤ Frisches Wasser mit Nage-
tier-Vitamintropfen können
die Genesung unterstützen.
➤ Bei äußeren Verletzungen
ist Hygiene besonders wichtig, damit die Wunden sich
nicht auch noch entzünden.
➤ Bisswunden versorgt der
Hamster normalerweise
selbst. Achten Sie aber auf
Entzündungen, denn damit
müssen Sie zum Tierarzt.

Parasitenbefall

Bei Parasitenbefall müssen Sie nicht nur den Hamster behandeln, sondern auch den Käfig mit einem speziellen Desinfektionsmittel aus dem Zoofachhandel gründlich reinigen. Entfernen Sie dabei auch alle Holzgegenstände, weil in den Ritzen Parasiten und Eier sitzen könnten.

> Vorsicht beim Freilauf –
> einige Zimmerpflanzen
> sind für Hamster giftig.

Medikamente muss man zumeist mit etwas List verabreichen. Am einfachsten ist es, die Arzneien mit dem Lieblingsfutter zu vermengen.

Von Hamstern übertragbare Krankheiten

Die Gefahr einer Übertragung von Krankheiten durch Hamster ist nicht sehr groß. Dennoch sollen sie an dieser Stelle erwähnt werden, damit man das Risiko so gering wie möglich halten kann.
Lymphozytäre Choriomeningitis (LCM) ist eine virale Hirnhautentzündung, die von jungen Goldhamstern auch auf Menschen übertragen werden kann, wo sie aber selten gefährlich wird. Bei menschlichen Föten kann es allerdings zu Schädigungen kommen, sodass sich Schwangere besonders von Goldhamstern fernhalten sollten. Bei Zwerghamstern wurde LCM bisher noch nicht nachgewiesen.
Salmonellen, Ungeziefer, etwa Flöhe, können ebenfalls vom Hamster auf den Menschen und umgekehrt übertragen werden. Daher sollten Sie sich vor und nach dem Kontakt mit den Tieren stets sorgfältig die Hände waschen und das besonders auch Kindern einprägen. Unterbinden Sie auch das »Küsschengeben« und achten Sie darauf, dass Ihr Hamster keinen Kontakt zu wilden Nagern (dies ist bei der Käfighaltung auf dem Balkon oder im Garten zu beachten) hat, da auch so Krankheiten übertragen werden können.

Altern und Sterben

Hamster werden zwei bis drei Jahre alt, aber schon mit etwa eineinhalb Jahren treten manchmal die ersten Alterserscheinungen auf. Die Tiere sind nun nicht mehr so aktiv wie früher und fressen zumeist auch weniger. Jetzt wird eine nicht zu proteinreiche Ernährung und eine besonders hygienische Haltung immer wichtiger.
Sollte Ihr Hamster nur noch apathisch im Haus liegen, abmagern oder wegen starker Schmerzen aggressiv reagieren, dann lassen Sie ihn nicht leiden, sondern schmerzlos einschläfern. Lebensverlängerung bedeutet unter diesen Umständen keine Tierliebe. Um sich – und besonders Kindern – die Erinnerung an eine schöne gemeinsame Zeit zu bewahren, können Sie den kleinen Kerl auch im Garten begraben und angemessen Abschied nehmen. Das ist für Kinder meist besser zu verkraften, als wenn der Hamster plötzlich einfach weg ist.

Häufige Krankheiten und ihre Behandlung

Krankheit und Ursache	Symptome	Behandlung
Durchfall Kaltes verdorbenes oder nasses Frischfutter; Stress; verschluckte Plastiksplitter; unverdauliche Hamsterwatte	Dünnflüssiger Kot, verschmierte Afterregion, gekrümmte Haltung	Füttern Sie nur Körner und Wasser. Hilft das nicht, muss unverzüglich ein Tierarzt aufgesucht werden
Nasse-Schwanz-Krankheit Ursache unbekannt	Schwanzbereich nass und verschmiert, gekrümmte Haltung	Sofort zum Tierarzt. Leider ist die Krankheit selten heilbar
Zu lange, schiefe oder abgebrochene Zähne Fehlende Nagemöglichkeiten; Veranlagung; Unfall	Mund kann nicht geschlossen werden; Hamster frisst nicht, magert ab	Vom Tierarzt korrigieren lassen; ausreichend Material zum Nagen anbieten
Atemwegserkrankungen Zugluft, Temperaturschwankungen, zu hohe/zu geringe Luftfeuchtigkeit, mangelnde Hygiene, staubige Einstreu	Hörbares Atmen, Niesen, Ausfluss aus Mund und Augen, Apathie, Gewichtsverlust	Muss vom Tierarzt behandelt werden
Augenerkrankungen Zugluft, mangelnde Hygiene, Verletzung an defekten Käfigstäben oder Einrichtungsgegenständen, staubige Einstreu, Käfig steht zu hell	Tränende Augen, gerötete oder verklebte Augenlider; Tiere scheuen das Licht	Muss vom Tierarzt behandelt werden
Hauterkrankungen – durch Pilze oder Milben Wärmestau, zu hohe Luftfeuchtigkeit, falsche Einstreu oder Hamsterwatte, mangelnde Hygiene, Stress, Unterversorgung mit Vitamin A und E	Juckreiz bis zum Wundkratzen, kahle Stellen, Krusten und Bläschen	Muss vom Tierarzt behandelt werden, gleichzeitig Desinfektionsmaßnahmen wie im Text beschrieben
Tumore Unterschiedliche Ursachen, treten häufig bei älteren Hamstern auf	Schnell wachsende Verdickungen unter der Haut und an den Zitzen	Kann manchmal vom Tierarzt operiert werden
Backentaschenentzündung oder -verstopfung Spitze Gegenstände; Süßigkeiten; Hamsterwatte	Backentasche kann nicht mehr geleert werden; sehr schmerzhaft; Hamster frisst nicht; säuerlicher Mundgeruch	Tierarzt kann Fremdkörper entfernen oder Entzündungen behandeln

Fragen rund um Ernährung und Pflege

? Was kann ich tun, wenn das Hamsterfell mit einer Substanz verschmiert ist, die der Hamster nicht selbst herausputzen kann oder soll?

Handelt es sich um eine einzelne Stelle, dann versuchen Sie, die Verschmutzung vorsichtig mit den verklebten Haaren herauszuschneiden. Sollte es sich um eine giftige Substanz handeln, müssen Sie das Tier am Putzen hindern und schnellstens zum Tierarzt fahren. Bei ungiftigen Verschmutzungen – z. B. Speiseöl – waschen Sie das Tier vorsichtig mit warmem Wasser und unparfümiertem Tier- oder Babyshampoo, und spülen Sie alle Reste gründlich aus. Achten Sie darauf, dass Wasser und Shampoo nicht ins Gesicht und in die Ohren gelangen. Trocknen Sie den Hamster vorsichtig ab und halten ihn warm, damit er keine Erkältung oder gar eine Lungenentzündung bekommt.

? Mein Hamster leckt ständig meine Hände oder irgendwelche Gegenstände ab?

Mit großer Wahrscheinlichkeit leidet das Tiere unter Salzmangel. Bringen Sie einen Salzleckstein aus dem Zoofachhandel im Käfig an und das Lecken sollte aufhören.

? Unser Hamster sucht sich immer nur bestimmte Körner aus seinem Futter heraus. Wie kann ich das verhindern?

Genau wie wir Menschen haben auch Hamster einen ganz unterschiedlichen Geschmack. Dennoch sollten die Tiere nicht nur ihr Lieblingsfutter bekommen, weil sie sonst unausgewogen ernährt werden. Geben Sie dem kleinen Nager täglich so viel Futter, dass nur eine kleine Menge übrig bleibt. Wenn Sie das Körnerfutter selber mischen, können Sie beispielsweise auch einen Tag nur Hirse und Mehrkornflocken und am nächsten nur Wellensittichfutter und Weizen füttern. In der Natur würden die Hams-

> *War das wirklich schon alles? Jetzt bin ich doch erst auf den Geschmack gekommen!*

ter ja auch nicht jeden Tag alles vorfinden. Versuchen Sie allerdings nie die Tiere zu zwingen, etwas zu fressen, was sie einfach nicht mögen. So riskieren sie nur eine Unterversorgung.

? Die Mehlwürmer für meine Hamster haben sich verpuppt. Kann ich sie dennoch verfüttern?
Die hellen, beweglichen Puppen können sie genauso füttern wie die unverpuppten Mehlwürmer; nur die schwarzen Mehlkäfer sind zu groß und würden wegfliegen. Dies sollten Sie auf jeden Fall verhindern, denn es handelt sich um Vorratsschädlinge, die Sie sicher nicht frei in der Wohnung haben wollen. Im Kühlschrank dauert es übrigens sehr viel länger, bis Mehlwürmer sich verpuppen.

? Mein Hamster ist dick und träge geworden. Wie bekommt er seine schlanke Linie zurück?
Geben Sie ihm keine fettreiche Nahrung mehr, etwa Sonnenblumenkerne und Nüsse. Durch die hohe Stoffwechselrate der Hamster reguliert sich das Gewicht schnell. Eine Hungerdiät wie bei einem

Menschen würde den Tieren schaden. Sorgen Sie für einen ausreichend großen Käfig, genug Bewegung und ausgewogenes Futter.

? Mein schon etwas älterer Hamster ist blind geworden. Was muss ich beachten?
Hamster verlassen sich viel mehr auf ihr Gehör und ihren Geruchssinn als auf ihre Augen. Daher beeinträchtigt sie Blindheit kaum.

? Einer meiner Hamster ist kleiner und dünner als die übrigen. Ist er vielleicht krank?
Wahrscheinlich steht dieses Tier ganz unten in der Hamsterhierachie. Geben Sie Saft-, Eiweiß- und Fettfutter direkt mit der Hand und überzeugen Sie sich, dass er auch genug zu fressen abbekommt.

? Mein Hamster hat sehr lange Krallen. Kann ich die selbst schneiden?
Am besten ist es, sich das Kürzen der Krallen anfangs vom Tierarzt demonstrieren zu lassen. Zudem sollten Sie für Möglichkeiten zum Abwetzen der Krallen sorgen, etwa Tonschalen oder Steine.

MEINE TIPPS FÜR SIE

Monika Lange

Fitness-Kurs für Hamster

➤ Weizensprossen eignen sich für Ihre Nager als gesunder Leckerbissen, den man leicht selbst herstellen kann, indem man Weizenkörner eine Stunde in warmem Wasser einweicht und dann keimen lässt.

➤ Manche Zoofachhändler haben eine große Körnertheke, an der Sie sich das Futter nach Belieben selbst mischen können.

➤ Unglasierte Tonschalen eignen sich gut für Sandbäder, weil der Hamster sich beim Buddeln gleichzeitig auch seine Krallen abschleifen kann.

➤ Rauchfreie, gut gelüftete Zimmer halten die anfälligen Atemwege der kleinen Nager gesund.

➤ Holzspielzeug und Tonschalen müssen nach der gründlichen Reinigung erst trocknen, bevor sie wieder in den Käfig zurückgestellt werden dürfen.

Beschäftigungs-Programm

Abwechslung tut gut

Hamster müssen sich bewegen können, müssen buddeln, erforschen und klettern. Tiere, denen Abwechslung geboten wird, sind gesünder, während sie ohne Beschäftigungsmöglichkeiten schnell in so genannte stereotype Verhaltensweisen verfallen, also beispielsweise fast ständig am Gitter nagen oder stundenlang im Laufrad her-

> *Unbeaufsichtigter Freilauf ist für die kleinen Nager nicht ganz ungefährlich.*

umrennen. Und natürlich macht es Spaß, sich neue Spielzeuge auszudenken und den Tieren dabei zuzuschauen, wie sie ihre Entdeckerfreude ausleben.

Freilauf ohne Risiko

Wenn Sie ein hamstersicheres Zimmer haben (→ Checkliste) und damit leben können, dass der Hamster ab und zu etwas anknabbert, ist es möglich, einen Goldhamster frei herumlaufen zu lassen. Dafür muss das Tier allerdings handzahm sein, damit es zurückkommt, wenn Sie es locken, und Sie es problemlos wieder in den Käfig setzen können. Zwerghamster sollten dagegen nicht frei laufen. Sie sind einfach zu klein und zu schnell und es wäre extrem schwierig, sie nach dem Auslauf wieder einzufangen. Ist es für den Goldhamster gefahrlos möglich, von der Käfigtür auf den Boden zu gelangen? Dann können Sie einfach die Behausung öffnen und abwarten. Die meisten Hamster werden ihre neue Freiheit in Etappen erkunden

Achtung!
Frei laufender Hamster

✔ Türen und Schubladen vorsichtig öffnen.

✔ Sofa und Kissen kontrollieren, bevor man sich hinsetzt.

✔ Schauen, wohin man tritt; die schnellen Tiere können unversehens zwischen die Füße geraten.

✔ Vasen, Aquarien und andere mit Wasser gefüllte Gefäße abdecken, damit die Hamster nicht hineinfallen und ertrinken können.

✔ Viele Zimmerpflanzen sind giftig – also außer Reichweite bringen.

✔ Keine Elektrokabel auf dem Boden liegen lassen, da diese manchmal von Hamstern angenagt werden.

✔ Vorsicht bei heißen Gegenständen – die Küche ist kein geeigneter Ort für den Hamsterfreilauf.

✔ Nadeln und andere spitze Gegenstände können die Backentaschen verletzen.

✔ Vorsicht bei Haustieren wie Hunden und Katzen.

✔ Reiniger, Medikamente und Pestizide können verschluckt werden, wenn der Hamster sich durch die Packung nagt.

✔ Hamster klettern gern Gardinen hoch, kommen aber nicht wieder runter und können dann leicht abstürzen.

1 Hamster-Spielplatz

Ein abgegrenzter Hamsterspielplatz ist eine gute und vor allem sichere Alternative zum Freilauf, bei dem doch zahlreiche Gefahren lauern können (→ Checkliste). Im Spielraum sollten sich Klettergeräte und Spielzeug befinden, aber auch ein Versteck, damit er fliehen kann, wenn ihm irgendetwas nicht ganz geheuer vorkommt.

2 Playpen

Auch mit Hilfe einer großen Plastikbox lässt sich ein Spielplatz für Hamster aufbauen. Und wenn der Hamster darin abwechslungsreiches Spielzeug, z.B. eine nicht behandelte Holzwäscheklammer, vorfindet, ist ein solcher »Laufstall« nicht nur spannend, sondern auch ziemlich ausbruchsicher.

und jeden Abend mutiger werden. Andernfalls lassen Sie das Tier zunächst auf sich herumklettern und dann von dort zu einem Ausflug aufbrechen. Erschrecken Sie aber nicht, wenn der Hamster plötzlich in Ihrer Kleidung verschwindet.

Während des Auslaufs können Sie ihm Spielzeug und eine Kleinigkeit zu fressen anbieten, am besten etwas Frischfutter zum Durstlöschen (→ siehe Seite 35). Geben Sie ihm aber nicht zu viel Futter, sonst bunkert er es vielleicht unter Ihrem Sofa.

Spielplätze

Als Alternative zum Freilauf können Ihrem Hamster auch einen Spielplatz einrichten und mit Umstellgittern aus dem Zoofachhandel einzäunen. Solche Gitter lassen sich Platz sparend zusammenfalten, wenn sie gerade nicht gebraucht werden.

Allerdings sind diese Spielplätze normalerweise nicht ausbruchsicher – nicht einmal für Dsungarische und Roborowski-Zwerghamster, die mit ihren haarigen Füßchen nicht zu den allerbesten Klettermaxen gehören. Las-

sen Sie die Hamster also auf einem solchen Spielplatz besser nicht allzu lange aus den Augen.

Playpen: Auch in einer großen Plastikbox kann man einem Hamster verschiedene Spielzeuge anbieten und ihn sich darin austoben lassen. Die Boxen sind leicht und deshalb einfach zu säubern und wegzuräumen und sie verhindern, dass der Hamster unerwünschte Spuren auf dem Teppich hinterlässt. Dafür nehmen sie allerdings deutlich mehr Platz weg als die praktischen Umstellgitter.

Das Hamster-Fitnessstudio

Eigentlich ist Spielzeug in diesem Zusammenhang gar nicht der richtige Ausdruck, denn ein Spielen wie bei Katzen oder Hunden ist bei Hamstern unüblich. Vielmehr wollen sie einfach nur ihre natürlichen Bedürfnisse ausleben und dabei können

> *Puh! Doch zu viel gefressen. Da hilft jetzt nur noch das Laufrad.*

wir ihnen mit Klettergerüsten, Tunneln, Laufrädern und Nagematerial helfen. Wenn jemand seinem Spieltrieb frönt, dann eher der Mensch.

Gute Laufräder sind nicht leicht zu finden

Es ist schon beeindruckend: Die kleinen Hamster legen in der Natur tatsächlich jede Nacht mehrere Kilometer zurück. Da kann selbst der größte Käfig nicht mithalten. Deshalb sind auch die Laufräder bei den meisten Hamstern (aber lange nicht bei allen) so beliebt.

Allerdings sind manche der im Handel erhältlichen Laufräder wahre Todesfallen. Ein gutes Laufrad hat eine geschlossene Rückseite und eine offene Vorderseite ohne Querstangen, die an der Aufhängung wie tödliche Scheren vorbeisausen. Wichtig

sind außerdem durchgehend geschlossene Laufflächen, damit keine Pfote durchrutschen kann.

Das Laufrad muss so groß sein, dass der Hamster sich darin beim Laufen ausstrecken kann. Holz oder unbeschichteter Stahl sind als Materialien besonders geeignet; außerdem sollten Sie auf die richtige Aufhängung für ihren Käfigtyp achten. Sehr leichte Modelle montiert man am besten auf eine Holzplatte, damit der Hamster nicht mitsamt Rad umfällt. Bei einer Hamstergruppe benötigen Sie mehrere Laufräder, weil es sonst Streit gibt – auch wenn manche Hamster sogar

TIPP

Zeitvertreib Futtersuche

➤ Futtersuche ist für Hamster im Käfig oft zu einfach und langweilig. Verstecken Sie zum Beispiel ein Leckerli in einer mit Papier verstopften Papphöhre, damit der Hamster sich seine Belohnung erarbeiten muss.

➤ Spießen Sie Futter auf einen Kletterbaum. Dann muss der Hamster suchen und klettern, um es zu ergattern.

➤ Für den Hamster ist es eine Bereicherung, wenn Sie das Körnerfutter einfach über der Einstreu verteilen, sodass er stöbern und suchen muss.

das »Radfahren« zu zweit lernen können.

Spielzeug aus dem Zoofachhandel

Im Zoofachhandel können Sie aus einer Fülle von Hamsterspielzeug wählen: Klettergerüste, Leitern, biegsame Brücken oder Sisaltunnel, um nur einige zu nennen. Nehmen Sie sich aber auf jeden Fall die Zeit, das Angebot genau zu prüfen, denn Hamsterspielzeug

➤ muss aus ungiftigen Materialien bestehen,
➤ sollte so beschaffen sein, dass die Tiere sich daran nicht klemmen können,
➤ muss entweder einfach zu reinigen oder für den einmaligen Gebrauch hergestellt worden sein,
➤ sollte möglichst nicht aus Plastik bestehen, weil abgenagte Splitter den Hamstermagen verletzten könnten.

Spielzeug zum Selbermachen

Spielzeug wird nach einer Weile uninteressant, sodass wieder Neues her muss . Da ist preiswertes Spielzeug zum Selbermachen praktisch. Pappröhren von Toiletten- und Haushaltspapier geben

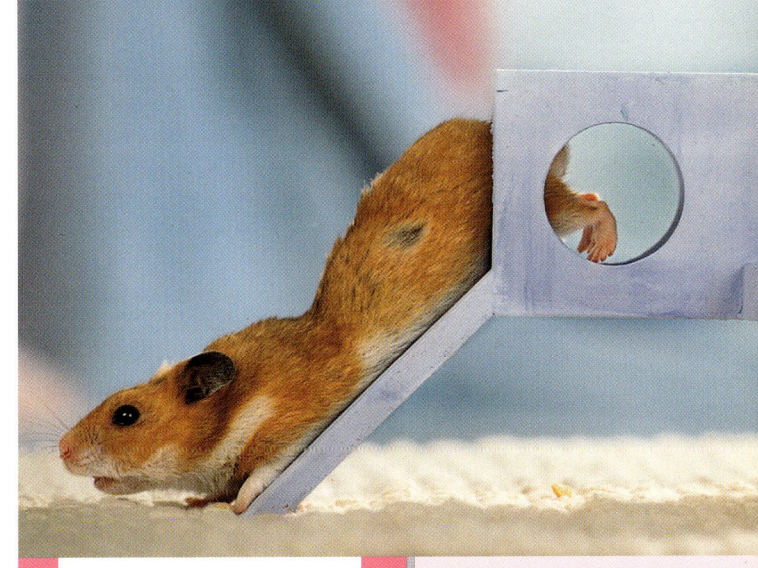

> *Huch! Wo bin ich denn jetzt schon wieder gelandet?*

prima Tunnel ab, durch die Zwerghamster auch noch zu zweit durchpassen.
Kinder helfen bestimmt gern mit, die Pappröhren zu einem Labyrinth zusammenzustecken. Dafür schneidet man Löcher hinein oder stapelt sie und fixiert sie mit großen Büroklammern (diese müssen unbeschichtet sein und dürfen keine scharfen Kanten haben). Im Bauhandel bekommen Sie Lochziegel und Tonröhren. Die haben den Vorteil, dass die Klettermaxen sich daran auch gleich die Krallen abschleifen.

CHECKLISTE

So bleibt Ihr Hamster lange fit

✔ Sorgen Sie für eine ausgewogene, abwechslungsreiche Körnerfuttermischung, die nicht zu viele fettreiche Samen enthält.

✔ Achten Sie darauf, dass der Hamster sich nicht nur bestimmte Körner aus der Mischung heraussucht.

✔ Bieten Sie täglich Frischfutter an.

✔ Richten Sie die Hamsterwohnung so ein, dass Ihr Tier ausreichend Bewegungsmöglichkeiten hat.

✔ Sorgen Sie für Abwechslung im Hamsterleben.

✔ Versuchen Sie Stress für das Tier zu vermeiden.

Saubere Eierkartons mit zwei bis drei Eingangslöchern sind ebenfalls sehr beliebt. Falls Ihr Hamster zu viel von dem bedruckten Deckel fressen

> *Merkwürdig, der Typ riecht ja überhaupt nicht nach Hamster.*

sollte, geben Sie ihm stattdessen nur das Unterteil oder einen anderen Pappkarton. Für Leute mit handwerklichem Geschick ist das Projekt »Kletterbaum«, bei dem ein verzweigter, gut gereinigter Ast auf eine stabile Basis geschraubt wird, sicher kein Problem. An den Astenden kann man später Obststücke oder andere kleine Leckerbissen aufspießen.

Spielzeug aus der Natur

Sauber geschrubbte Steine vom Spaziergang bereichern den Käfig oder Hamsterspielplatz. Die Steine werden nicht nur zum Klettern und als Ausguck benutzt, sondern dienen auch als »Landmarken«, die eifrig markiert werden. Herbstlaub kann man mit Einstreu und zerrissenem Papier in einen Eimer füllen und zum Buddeln freigeben. Es darf allerdings nicht verschimmelt oder nass sein. Wenn Sie wissen wollen, warum Hamster in die Familie der Wühler gehören, dann stechen Sie einmal einen Klumpen Gras samt Wurzeln und Erde aus und geben Sie es dem Hamster in einer Box oder einem Eimer. Das Gras darf jedoch nicht von einer Hundewiese oder einem gedüngten Rasen stammen oder Nadelbaumabfälle enthalten. Achten Sie darauf, dass die Hamster, die beim Graben nass werden können, nicht auskühlen.

Hamster-Ferien

Um es gleich zu Beginn zu sagen: Ich halte es nicht für ratsam, Hamster mit in den Urlaub zu nehmen. Abgesehen von den organisatorischen Problemen mit Käfig, Auslauf, Zoll und heißem Auto, ist Verreisen grundsätzlich mit viel Stress für die Tiere verbunden. Hamster wollen keine Luftveränderung. **Geeignete Pflegestelle:** Am zweckmäßigsten ist es, sich bereits vor oder spätestens bei der Anschaffung eines Hamsters nach einem geeigneten Urlaubspfleger

TIPP

Urlaubs-Pflege für Hamster

➤ Haben Sie niemanden, der Ihre Hamster während des Urlaubs in Pflege nimmt? Fragen Sie einmal bei Zoofachgeschäften, Tierheimen und Tierärzten herum. Einige bieten Urlaubspflege an.

➤ Selbst wenn Sie nicht lange wegfahren, müssen Sie für eine angemessene Temperatur im Hamsterzimmer sorgen. Im Sommer kann sich ein Raum so weit aufheizen, dass der Hamster einen Hitzschlag bekommt; im Winter könnte sich der Hamster erkälten oder sich sogar zum Winterschlaf begeben.

> *Eine Zugfahrt, die ist lustig, eine Zugfahrt, die ist schön... die ausgediente Eisenbahn der Kinder kann bei den Hamster-Kindern noch mal zu Ehren kommen.*

umzusehen. Sie können einen Freund oder Nachbarn bitten, täglich nach den Tieren zu schauen, oder Sie geben das Tier in Pflege. Suchen Sie sich aber möglichst jemanden, der sich ein wenig mit Kleintieren auskennt und das Haus nicht gerade voller Katzen hat. Lernen Sie den Urlaubspfleger an, bevor er die Pflichten eines Hamsterhalters übernimmt. Zeigen Sie ihm zum Beispiel, wie man die Tiere hochhebt und wie man den Käfig reinigt. Stellen Sie ihm genügend Futter und Einstreu zur Verfügung und statten Sie ihn mit einer genauen Futter- und eine Pflegeliste aus (→ Seite 35 und 41). Ein Spielplatz – Box oder Umstellgitter (→ Seite 51) – ist im Urlaub sehr praktisch. So kommen die Tiere von Zeit zu Zeit raus, ohne dass sich der Urlaubspfleger darüber groß Gedanken machen muss, ob sein Wohnzimmer hamstersicher ist und wie er den Hamster danach wieder einfangen soll.

Wichtig sind aber auch Verhaltensregeln für den Notfall, also die Telefonnummer, unter der Sie zu erreichen sind sowie Adresse und Telefonnummer Ihres Tierarztes. Treffen Sie klare Absprachen, was im Notfall geschehen soll. Es ist sowieso der Albtraum jedes Pflegers, dass das Tier ausgerechnet in dieser Zeit bei ihm krank wird.

Kurzurlaub: Für zwei bis drei Tage kann man Hamster aber auch problemlos allein lassen. Sie müssen mit reichlich Futter versorgt werden, genügend Wasser haben und sollten als Frischfutter eine dicke Möhre bekommen, die sich, ohne zu schimmeln, längere Zeit hält. Begeistern wird sich trotzdem kein Hamster dafür, denn ohne Menschen ist es ziemlich langweilig.

Fragen rund um Beschäftigung und Spiel

Mein Hamster kommt nach dem Freilauf manchmal nicht wieder zurück. Was kann ich tun?
Zunächst alle Türen und Fenster schließen, um dann eine gründliche Suche zu starten. Kontrollieren Sie alle möglichen Schlafplätze, vielleicht können Sie ihn dort wieder einsammeln. Wenn Sie ihn so nicht finden, halten Sie die Räume weiterhin verschlossen und legen Sie etwas Körner- und Frischfutter in allen Zimmern aus, um festzustellen, in welchem er sich befindet. Dort können Sie nun eine Falle aufbauen, beispielsweise ein Aquarium oder einen Eimer mit möglichst stark duftendem Futter, etwa Obst sowie Wasser. An den Behälter legen Sie dann eine Rampe, sodass der Hamster zwar hineinspringen kann, aber nicht wieder herauskommt. Polstern Sie den Boden mit Einstreu aus, damit er sich beim Sprung nicht wehtut.

Mein Hamster interessiert sich überhaupt nicht für sein Spielzeug. Ist er vielleicht krank?
Ein Hamster, der in einem eintönigen Käfig aufgewachsen ist, wird neuen Eindrücken erst einmal misstrauisch gegenüberstehen. Daher kann es schon eine Weile dauern, bis er sich seinem neuen Spielzeug nähert, Gefallen daran findet und es auch benutzt.

Mein Hamster rennt ständig in seinem Laufrad herum und vernachlässigt alles andere. Was ist mit ihm bloß los?
Hamster können regelrecht »laufradsüchtig« werden. Das kann vor allem dann geschehen, wenn ein Tier einen zu kleinen Käfig und/oder zu wenig Beschäftigung hat. Ein Laufrad reicht als einzige Beschäftigung einfach nicht aus. Häufig kann man mit Auslauf, einem größeren Käfig und Spielzeug Abhilfe schaffen. Allerdings geht das nicht von heute auf morgen, sondern es braucht seine Zeit,

> *Manchmal denke ich wirklich, ich sollte mit allen vier Füßen auf dem Boden bleiben.*

bis er vom »Dauerradeln« ablässt. Manchmal kann ein laufsüchtiger Hamster sogar etwas depressiv werden, wenn man ihm das Rad wegnimmt. Um das zu vermeiden, können Sie ihm das Rad von vornherein nur stundenweise zur Verfügung stellen, z. B. in seiner Spielbox.

❓ Warum benutzt mein Hamster sein Laufrad überhaupt nicht?
Gerade Zwerghamster interessieren sich häufig nicht sehr für die Räder. Mitunter müssen sie auch erst entdecken, wozu die schaukeligen Dinger eigentlich gut sind und warum sich nichts tut, wenn zwei Hamster darin sitzen und in verschiedene Richtungen laufen wollen.

❓ Kann man Spielplätze für Hamster auch auf einem Tisch aufbauen?
Hamster haben ein sehr schlecht ausgeprägtes Gefühl für die Höhe, sodass sie sich manchmal völlig unvermittelt von einer ungesicherten Tischkante oder auch von Ihrer Hand fallen lassen. Daher sollten Sie von einem solchen Aufbau absehen, weil die Tiere sich bei einem Sturz

Verstauchungen oder sogar Brüche zuziehen können. Ist dennoch einmal ein Hamster aus größerer Höhe abgestürzt, sollten Sie ihn danach genau beobachten. Humpelt er? Dann müssen Sie mit ihm zum Tierarzt. Gehen Sie möglichst vorsichtig mit dem abgestürzten Tier um, denn er hat wahrscheinlich einen ziemlichen Schock und braucht seine Ruhe.

❓ Mein Hamster springt ständig an den Wänden des Aquariums hoch. Kann ich etwas dagegen tun?
Das ist eine stereotype Verhaltensweise. Sie können dem durch einen Käfig in der richtigen Größe und/oder mehr Beschäftigung abhelfen. Es kann allerdings schon eine Weile dauern, bis dieses Verhalten abgelegt wird.

❓ Kann man Hamster eine Buddellandschaft aus Erde oder Sand bieten?
Erde eignet sich nur zum Graben, wenn sie feucht gehalten wird. Und das führt bei den Tieren leicht zu Erkältungen. Wird Sand als auschließliche Einstreu verwendet, sind häufig gereizte Schleimhäute die Folge.

Halbfett gesetzte Seitenzahlen
verweisen auf Abbildungen;
U = Umschlagseite.

Adressen

Verbände/Vereine

➤ Verein für Nagetiere & Kleinsäuger (VNK), Detlev Warmbier, Gladbecker Straße 286, 46240 Bottrop, www.nagetier-vnk.de
➤ Bundesarbeitsgruppe Kleinsäuger e.V., Geschäftsstelle: Schulzoo Leipzig e.V., Binzer Straße 14, 04207 Leipzig, www.schulzoo.de
➤ Bundesverband für fachgerechten Natur- und Artenschutz e.V. (BNA), Postfach 1110, 76707 Hambrücken, www.bna-ev.de

Dachverband der Vereine und Verbände der priv. Tierhalter.

➤ Zentralverband Deutscher Meerschweinchen- und Nagervereine, Martin Mantel, Dr.-Ambundi-Str. 27, 97437 Haßfurt, www.nmkev.de/weiterevereine.htm
➤ RÖK Rassezuchtverband Österreichischer Kleintierzüchter, Geschäftsstelle: Dr.-Karl-Lueger Ring 14/II, A-1010 Wien, www.kleintierzucht-roek.at
Diese Vereine und Verbände nennen Ihnen gerne Adressen von Hamster-Züchtern in Ihrer Nähe. Bitte legen Sie bei schriftlichen Anfragen einen frankierten Rückumschlag bei.
➤ Gesellschaft für Ganzheitliche Tiermedizin e.V. (GGTM), Geschäftsstelle: Dr. M. Wolters, Dahlienstr. 15, 53332 Bornheim-Waldorf, www.ggtm.de

Fragen zur Haltung beantworten:

Ihr Zoofachhändler und der Zentralverband Zoologischer Fachbetriebe Deutschlands e.V. (ZZF), Geschäftsstelle: Rheinstraße 35, 63225 Langen, Tel. 06103/910732 (nur telefonische Auskunft möglich), www.zzf.de

Hamster im Internet

Praxistipps zu Ernährung, Pflege und Gesundheit von Hamstern, Adressen von Züchtern und Clubs finden Sie auf diesen Internetseiten:

➤ www.hamster.de
➤ www.hamsterseiten.de
➤ www.petwebsite.com/hamsters.htm (in englischer Sprache)

Bücher

➤ Gabrisch, K.: Krankheiten der Heimtiere. Schlütersche Verlagsanstalt, Hannover
➤ Hollmann: Der Hamster. Gräfe und Unzer Verlag, München
➤ Hollmann: Mein Hamster und ich. Gräfe und Unzer Verlag, München
➤ Isenbügel, E./Frank, W.: Heimtierkrankheiten. Ulmer Verlag, Stuttgart

Zeitschriften

➤ Ein Herz für Tiere. Gong Verlag, München

AN UNSERE LESER

➤ Treten bei Ihrem Hamster Krankheitsanzeichen auf, gehört er in die Hand des Tierarztes.
➤ Wenige Krankheiten sind auf den Menschen übertragbar. Gehen Sie bei Ansteckungsverdacht zum Arzt. Das gilt besonders, wenn Sie von einem Tier gebissen wurden.
➤ Manche Menschen reagieren allergisch auf Tierhaare. Fragen Sie vor dem Kauf eines Hamsters den Hausarzt.

Die Autorin

Monika Lange, 1968 in Duisburg geboren, ist Diplombiologin. Seit 1996 arbeitet sie als freiberufliche Journalistin und Autorin. Für ihren Titel »Mit Katz und Hund auf du und du« erhielt sie 2001 den Kinderbuchpreis des Landes Nordrhein-Westfalen.

Die Fotografen

Giel: Seite 22; Kuhn: Seite 8 li., 9 o.re., u.li., u.mi., 10, 11, 12, 14, 26 re., 27 o.re., mit. re., u., 35, 54, 55, 56, U4 re.; Reinhard: Seite 9 u. re.; photonica/Neo Vision: Seite U1, 2, 3, 16, 50, 51 li., re., U4 li., mi.; Wegler: Seite 13, 23, 40; Schanz: alle übrigen Fotos.

Impressum

© 2002 Gräfe und Unzer Verlag GmbH, München. Alle Rechte vorbehalten. Nachdruck, auch auszugsweise, sowie Verbreitung durch Bild, Funk, Fernsehen und Internet, durch fotomechanische Wiedergabe, Tonträger und Datenverarbeitungssysteme jeder Art nur mit schriftlicher Genehmigung des Verlages.

Redaktion: Sibylle Kolb,
Lektorat: Dr. Hans W. Kothe
Layout: independent
Medien-Design, München
Satz: Uhl + Massopust, Aalen
Produktion: Ute Hausleiter
Repro: Fotolito Longo, Bozen
Druck und Bindung:
Kaufmann, Lahr
Printed in Germany
ISBN-3-7742-3810-3

Auflage	5.	4.	3.
Jahre	2005	04	03

GRÄFE UND UNZER

Ein Unternehmen der
GANSKE VERLAGSGRUPPE

Das Original mit Garantie

Ihre Meinung ist uns wichtig. Deshalb möchten wir Ihre Kritik, gerne aber auch Ihr Lob erfahren. Um als führender Ratgeberverlag für Sie noch besser zu werden. Darum: Schreiben Sie uns! Wir freuen uns auf Ihre Post und wünschen Ihnen viel Spaß mit Ihrem GU-Ratgeber.

Unsere Garantie: Sollte ein GU-Ratgeber einmal einen Fehler enthalten, schicken Sie uns das Buch mit einem kleinen Hinweis und der Quittung innerhalb von sechs Monaten nach dem Kauf zurück. Wir tauschen Ihnen den GU-Ratgeber gegen einen anderen zum gleichen oder ähnlichen Thema um.

Ihr Gräfe und Unzer Verlag
Redaktion Heimtier
Stichwort: Tierratgeber
Postfach 86 03 25
81630 München
Fax: 0 89/4 19 81-1 13
E-Mail:
leserservice@
graefe-und-unzer.de

> GU-Experten-Service

Haben Sie Fragen zu Haltung und Pflege? Dann schreiben Sie uns (bitte Adresse angeben). Unsere Expertin Monika Lange hilft Ihnen gern weiter. Unsere Adresse finden Sie rechts.

Mein Hamster

➤ **Name:** _____

So füttere ich ihn:

➤ _____
_____
_____

Lieblingsspiele und Spielzeug:

➤ _____
_____
_____

So will er gepflegt werden:

➤ _____
_____
_____

Das sind seine Eigenheiten:

➤ _____
_____
_____

Besondere Kennzeichen:

➤ _____
_____
_____

Das ist sein Tierarzt:

➤ _____
_____
_____

GU TIERRATGEBER

damit es Ihrem Heimtier gut geht

ISBN 3-7742-3908-8

ISBN 3-7742-3839-1

ISBN 3-7742-3826-X

ISBN 3-7742-3957-6

ISBN 3-7742-3907-X

Tierisch gut! Die Welt der Heimtiere entdecken und alles erfahren, was man schon immer über sie wissen wollte. So klappt das Miteinander von Anfang an – mit Wohlfühl-Garantie fürs Tier.

WEITERE LIEFERBARE TITEL BEI GU:

➤ **Meerschweinchen** ISBN 3-7742-3788-3

➤ **Hunde-Erziehung** ISBN 3-7742-3917-7

Gutgemacht. Gutgelaunt.

WOHLFÜHLHEIM

Erste Voraussetzung für glückliche Hamster ist ein großer Käfig – je größer, umso besser. In einer **geräumigen Behausung** haben die Tiere genug Platz, um sich die verschiedenen Wohnbereiche einzurichten, die sie zum Wohlfühlen brauchen.

Wohlfühl-Garantie für Hamster

FRISCHES WASSER

Hamster die reichlich Frischfutter bekommen, trinken oft nicht viel, weil sie einen großen Teil ihres **Flüssigkeitsbedarfs** schon über die Nahrung abdecken. Dennoch sollten auch solche Tiere **stets frisches Wasser** zur Verfügung haben.

BESCHÄFTIGUNG

Sorgen Sie für möglichst viel **Abwechslung** im Hamsterheim, denn Tiere, die sich langweilen, sind nicht nur unzufrieden und krankheitsanfälliger, sondern zeigen auch **Verhaltensstörungen**, wie beispielsweise ein ständiges Benagen der Käfigstangen.

EINRICHTUNG MIT QUALITÄT

Entscheiden Sie sich beim Kauf der Ausstattung immer für **hochwertige Produkte**. Die Tierarztrechnung für ein verletztes Tier ist vermutlich höher, als ein gutes Laufrad – ganz abgesehen von den Schmerzen, die Sie Ihrem Liebling damit möglicherweise zufügen.